ESTRESSE
E ANSIEDADE

ENCARANDO A EPIDEMIA NAS GAROTAS

LISA DAMOUR

ESTRESSE E ANSIEDADE

ENCARANDO A EPIDEMIA NAS GAROTAS

PRIMAVERA
EDITORIAL

Para minhas filhas, e para as suas.

Não é a presença, a ausência, a qualidade ou mesmo o nível de ansiedade que enseja previsões sobre saúde ou doença mental; o que é relevante a esse respeito é apenas a capacidade de lidar com a ansiedade. Nesse ponto, as diferenças entre um indivíduo e outro são muito grandes e as chances de se manter o equilíbrio mental variam em conformidade.

As crianças cujas perspectivas de saúde mental são melhores são aquelas que lidam com as mesmas situações perigosas de forma ativa, usando recursos como percepção intelectual, raciocínio lógico, modificação das circunstâncias externas mediante destreza, em vez de fuga.

– *Anna Freud (1965)*

PREFÁCIO

Em uma fria tarde de segunda-feira, em novembro, eu estava em uma sessão psicoterápica de emergência com a Érica, uma aluna da sétima série que eu atendia de forma intermitente há alguns anos, e Janet, sua preocupadíssima mãe. Janet telefonara para meu consultório naquela mesma manhã, quando Érica, dominada por uma extrema ansiedade, havia se recusado a ir para a escola.

"Érica teve uma semana difícil", explicou Janet ao telefone, "por causa de um grande projeto em grupo, uma peça de cunho social com estreia marcada para breve que saiu dos trilhos".

Ela acrescentou que sua filha não tomava café da manhã há duas semanas, pois acordava com dores na barriga que só melhoravam na metade do dia. Então, em meio às lágrimas – que eu conseguia escutar ao telefone –, Janet acrescentou: "Não consigo acreditar que ela não foi à escola hoje, mas não encontrei um jeito de fazer com que ela fosse. Quando eu disse que a levaria de carro, que ela não precisaria ir de ônibus, ela me olhou como se eu estivesse lhe oferecendo uma carona até um pelotão de fuzilamento".

Sentindo-me realmente preocupada, perguntei: "Vocês podem vir aqui hoje?".

"Sim, temos que ir", disse Janet. "Ela precisa conseguir ir à escola. Eu tenho uma reunião hoje à tarde que não posso faltar. Podemos ir depois?"

"Claro! E não se preocupe", afirmei com sinceridade, "vamos resolver isso. Vamos chegar ao fundo do que está ocorrendo".

Alguma coisa mudou. A ansiedade sempre fez parte da vida – e do crescimento –, mas nos últimos anos, para jovens como Érica e tantas outras, parece ter saído do controle. Sou psicóloga há mais de duas décadas e ao longo desse período tenho observado um aumento de tensão nas garotas, tanto no meu consultório quanto em minhas pesquisas. Também tomei conhecimento das crescentes pressões sentidas pelas jovens, pois passo parte da semana numa escola para meninas em minha comunidade e viajo para conversar com grupos de alunas nos Estados Unidos e no mundo inteiro.

No trabalho, posso fazer observações e aprender com as garotas de muitas formas; e quando estou em casa, disponho de mais uma perspectiva sobre elas, já que tenho duas filhas. As meninas são o meu mundo e, quando não estou com elas, estou sempre conversando sobre elas com professores, pediatras e colegas psicólogos. Nos últimos anos, meus colegas e eu passamos cada vez mais tempo discutindo o grande número de mulheres, jovens e adultas subjugadas pelo estresse ou extremamente ansiosas que temos encontrado. E conversamos sobre como nem sempre as coisas foram assim.

De modo alarmante, o que observamos todos os dias, intimamente, em uma escala pessoal, é confirmado por pesquisas abrangentes. Um recente relatório da Associação Americana de Psicologia revelou que a adolescência já não pode ser considerada um período exuberante da vida, repleto de experiências despreocupadas. Exceto durante as férias, os adolescentes de hoje, pela primeira vez, sentem-se mais estressados que seus pais. Vivenciam também sintomas emocionais e físicos de tensão crônica, como irritabilidade e fadiga, em níveis que geralmente só víamos em adultos. Estudos também nos informam que o número de adolescentes que relatam estar sofrendo de problemas emocionais e se sentem extremamente ansiosos está aumentando. Mas essas tendências não afetam igualmente nossos filhos e filhas... São as meninas que sofrem mais.

Como relatórios após relatórios confirmam, as garotas têm mais probabilidades que os garotos de serem afetadas por sentimentos de estresse e tensão psicológica. Um estudo recente revelou que 31% das meninas e mulheres jovens apresentam sintomas de ansiedade, em comparação a 13% dos meninos e homens jovens. Estudos nos revelam que, em comparação aos garotos, as garotas sentem mais pressão e apresentam mais sintomas de tensão psicológica, como fadiga e variações no apetite. As jovens também são mais propensas a vivenciar as emoções frequentemente associadas à ansiedade. Um estudo revelou que o número de adolescentes do sexo feminino que declararam que frequentemente se sentem nervosas, preocupadas ou temerosas aumentou em 55% entre 2009 e 2014, enquanto permaneceu inalterado em relação aos adolescentes do sexo masculino no mesmo período. Um estudo diferente revelou que sentimentos de ansiedade estão se tornando mais prevalentes entre todos os jovens, mas crescem a um ritmo mais acelerado entre as garotas.

Essas diferentes tendências em cada gênero verificadas no tocante à ansiedade são espelhadas também nas taxas ascendentes de depressão – um diagnóstico que pode servir como uma medição aproximada do estresse psicológico como um todo. Entre 2005 e 2014, o percentual de garotas adolescentes com depressão aumentou de 13 para 17. Para os rapazes, o mesmo percentual aumentou de 5 para 6. Embora seja detestável verificar o aumento do sofrimento emocional entre nossas filhas e nossos filhos, devemos prestar atenção ao fato de que as meninas entre doze e dezessete anos têm três vezes mais probabilidades do que os meninos de sofrerem de depressão.

O desequilíbrio nos sintomas de estresse entre os gêneros, que se inicia no Ensino Fundamental, não se encerra com a formatura no Ensino Médio. A American College Health Association – Associação para a Promoção da Saúde no Ensino Superior – revelou que as universitárias tinham uma probabilidade 43% maior de relatar sentimentos de ansiedade do que seus colegas do sexo masculino. Em comparação aos universitários, também se sentiam mais exaustas e prostradas, e vivenciavam níveis mais altos de estresse generalizado.

Quando profissionais de saúde mental ouvem e leem estatísticas como essas, entramos em estado de alerta. A partir daí, costumamos adotar uma postura apropriadamente cética e conjecturamos se de fato tem ocorrido uma drástica mudança no número de garotas que se sentem levadas a seus limites, ou se apenas estamos nos tornando melhores na detecção de problemas que sempre estiveram presentes.

Pesquisadores que estudam essas questões nos informam que nós não descobrimos, simplesmente, uma crise que ignorávamos há muito tempo; os indícios disponíveis dão conta de que, na verdade, estamos presenciando algo novo. As pesquisas não indicam que as meninas estão mais dispostas a nos contar que estão sofrendo do que estavam no passado. Na verdade, a situação para elas parece, de fato, ter se tornado pior.

Especialistas enumeram possíveis explicações para essa emergente epidemia de garotas nervosas. Estudos demonstram que as meninas têm mais probabilidades que os meninos de se preocuparem com seu desempenho na escola. Embora não seja novidade alguma que nossas filhas se esforçam para corresponder às expectativas dos adultos, eu agora recebo regularmente relatos sobre meninas que têm tanto medo de decepcionar seus professores, que deixam de dormir para fazer trabalhos suplementares, a fim de obter pontos dos quais não necessitam. As pesquisas nos dizem também que nossas filhas, mais que nossos filhos, preocupam-se com a aparência. Embora as adolescentes tenham sempre vivenciado momentos de grande ansiedade no tocante a seu aspecto físico, estamos criando a primeira geração que pode, e frequentemente o faz, dedicar horas a selecionar e postar *selfies* na esperança de obter uma avalanche de *likes*. Estudos também sugerem que as garotas têm mais probabilidades que os garotos de não só sofrer assédio virtual como também de se sentirem mortificadas com o sofrimento emocional provocado por seus pares.

Há também fatores sexuais que se aplicam exclusivamente a meninas. Nossas filhas atingem a puberdade antes de nossos filhos, e a idade da puberdade para as garotas continua a cair. Já não é inusitado ver uma menina do quinto ano do Ensino Fundamental exibindo um corpo de mulher adulta. Para piorar a situação, as garotas desenvolvem seus corpos ao mesmo tempo em que são inundadas por imagens cuja forte e distinta mensagem é a de que as mulheres são valorizadas principalmente por seu apelo sexual. E para tornar as coisas ainda piores, conteúdos mercadológicos distribuídos amplamente muitas vezes exploram meninas novas – pensem em comerciais com uma conotação de "colegial travessa" –, ou se dirigem a elas como consumidoras, em anúncios de exíguos biquínis destinados a crianças de sete a dez anos. Em anos anteriores, tais imagens eram pelo menos restritas à mídia convencional. Hoje, é possível que as meninas se deparem com uma provocante *selfie* postada no Instagram por uma colega do sexto ano.

As explicações correntes sobre os motivos pelos quais as garotas se sentem mais pressionadas que os garotos são úteis, ainda que não totalmente surpreendentes. Mas conhecer algumas das dificuldades específicas que as meninas encontram não é o mesmo que saber o que podemos fazer para enfrentá-las.

Se você está lendo este livro, provavelmente já tentou de diversos modos ajudar sua filha – ou alguma garota com que conviva – a sentir-se menos ansiosa e mais alegre. Você lhe garantiu que ela deveria se preocupar menos com a nota que tirou no último teste e fazer o possível para ignorar perniciosas conversas on-line. Você já lhe disse que ela é linda ou que a aparência não é importante. (Muitos pais amorosos, inclusive eu, já disseram ambas as coisas!) Você a ensinou a questionar e criticar mensagens culturais com sugestões de que o valor de uma garota reside em sua aparência, e se esforçou ao máximo para limitar o tempo que ela passa postando ou examinando imagens digitais. Ainda assim, apesar de seus melhores esforços, você pode estar criando uma garota absolutamente maravilhosa que passa tempo demais sentindo-se nervosa ou infeliz.

Este livro examina as forças que desgastam os nervos das meninas e sugere como podemos ajudar nossas filhas a sentirem-se mais à vontade. Descreverei o que aprendi com as crescentes pesquisas, com minhas clientes de psicoterapia, com meus colegas, com as estudantes e com minhas próprias filhas sobre as medidas que podemos tomar para proteger as jovens do estresse e da ansiedade de efeitos tóxicos. Às vezes, ilustro minhas ideias com exemplos do meu trabalho, mas alterando detalhes identificadores; em alguns casos fiz combinações, de forma a preservar a confidencialidade daquelas pessoas que se abriram comigo.

Estresse e ansiedade começará apresentando a compreensão do que esses conceitos do título significam. A partir daí, considerará como a tensão se expressa nas múltiplas facetas da vida das meninas, examinando, capítulo por capítulo, as dificuldades que invariavelmente surgem para nossas filhas em sua vida doméstica, em suas interações com outras garotas, em seus relacionamentos com garotos, em seus papéis como estudantes e em sua participação na cultura, de modo geral. Como pais, podemos querer remover do caminho de nossas filhas qualquer fonte de desconforto, mas realmente não existem rotas livres de estresse desde a infância até a idade adulta; mesmo se conseguíssemos encontrá-las, isso não ajudaria nossas filhas a longo prazo. De qualquer forma, é muito mais fácil mantermos uma atitude relaxada no tocante aos elementos de estresse que aguardam nossas filhas se soubermos o que esperar.

Antecipar as dificuldades que nossas meninas encontrarão nos permitirá reagir de forma mais eficaz quando elas estiverem angustiadas. E o modo como reagimos às aflições e aos temores de uma garota tem muita importância. Todas as vezes que sua filha ralou o joelho, quando era criança, ela primeiro olhou para o joelho e depois para seu rosto. Caso você permanecesse tranquilo, ela se sentiria melhor. Caso você a pegasse no colo e corresse até um ambulatório, ela se sentiria desnecessariamente aterrorizada. Reagir de modo alarmante a dificuldades normais pode torná-las piores e até contribuir para um aumento do nível de estresse e ansiedade da garota. Tendo isso em mente, *Estresse e ansiedade* não se limitará a listar as preocupações com que se deparam as meninas e as jovens; também oferecerá estratégias para ajudar você a tranquilizar sua filha, nos dias em que ela tiver a sensação de que está desmoronando, e ajudá-la a se arranjar sozinha quando estiver pronta.

Muitos dos fatores de estresse que aparecem durante o crescimento são antigos, enquanto outros são novos, como a onipresença da tecnologia digital e o cada vez mais difícil processo de admissão nas universidades. Analisaremos como os pais podem ajudar suas filhas a lidarem efetivamente tanto com os velhos quanto com os novos desafios. Este livro deverá ajudar sua filha a se sentir menos ansiosa, mas não pode ocupar o lugar de um tratamento contra um transtorno psicológico diagnosticável. Se sua filha já sofre de uma ansiedade incapacitante, você deverá consultar o médico dela ou um clínico de saúde mental licenciado sobre opções de tratamento que fizerem mais sentido para o caso dela.

Estresse e ansiedade analisa os fardos carregados pelas garotas, mas não se surpreenda se algumas das orientações também contribuírem para a criação de um filho. É verdade que nossas filhas, estatisticamente, têm mais probabilidades que nossos filhos de sofrerem de ansiedade, mas muitos meninos também enfrentam sentimentos de tensão e estresse. E embora este livro considere as pressões psicológicas sob o ângulo do gênero, também abordará os modos como a insegurança financeira ou a condição de minoria podem aumentar os desafios encontrados pelas meninas.

Quando se trata de enfrentar as pressões mentais e emocionais sentidas por nossas filhas, não existem respostas fáceis nem soluções rápidas. Mas uma abordagem detalhada e abrangente do problema abre um mundo de novas opções para resolvê-lo. Amamos nossas garotas, odiamos vê-las sofrer, mas podemos fazer muito para ajudá-las a se sentirem mais felizes, mais saudáveis e mais relaxadas diante dos desafios que sabemos que surgirão em seus caminhos.

Vamos começar…

CAPÍTULO UM

LIDANDO COM O ESTRESSE E A ANSIEDADE

Tenho boas notícias. Ou melhor, tenho duas notícias realmente ótimas. Em primeiro lugar, o estresse e a ansiedade não são totalmente ruins. A verdade é que não podemos prosperar sem ambos. Entender a diferença entre suas formas saudáveis e doentias mudará, para melhor, o modo como você ajuda sua filha a controlar a tensão que sente. Em segundo lugar, a área da psicologia tem muito a dizer sobre como aliviar o estresse e a ansiedade quando atingem níveis tóxicos. De fato, se eu fizesse uma pesquisa informal com meus colegas, a maioria deles concordaria que já conseguimos compreender as causas e os processos patológicos internos do estresse e da ansiedade tanto quanto compreendemos qualquer coisa em nossa área. Por conseguinte, dispomos de muitos modos de ajudar as pessoas a refrear a tensão psicológica quando essa sai do controle.

Tomados em conjunto tais fatos auspiciosos, significa que você pode começar a se preocupar menos a respeito do nível de estresse e ansiedade atingido por sua filha, pois, até certo ponto, esses estados mentais são catalisadores essenciais para o crescimento e o desenvolvimento humano. E se você suspeitar que o mal-estar de sua filha ou qualquer garota que conviva está excedendo o limite saudável, eu estou aqui para lhe assegurar que ela não precisa se sentir desamparada – nem você. Abordaremos também o estresse e a ansiedade nocivos.

O ESTRESSE SAUDÁVEL

O estresse tem má reputação. Embora as pessoas nem sempre gostem de serem pressionadas a novos limites, tanto o senso comum quanto as pesquisas científicas nos informam que o estresse de operarmos além de nossa zona de conforto nos ajuda a crescer. O estresse saudável ocorre quando enfrentamos novos desafios, como fazer uma palestra para uma grande plateia, ou coisas que parecem intimidadoras em termos psicológicos, como finalmente confrontar um colega hostil. Impulsionarmos a nós mesmos para além dos limites familiares desenvolve nossa capacidade da mesma forma que os corredores se preparam para maratonas, aumentando gradualmente as distâncias durante os treinamentos.

Aprender a desafiar situações estressantes é também uma habilidade desenvolvida com a prática. Os pesquisadores usam hoje o apropriado termo *inoculação de estresse* para descrever a bem documentada descoberta de que as pessoas que conseguem superar experiências árduas, como uma doença séria, muitas vezes demonstram uma resiliência acima da média quando se defrontam com novas dificuldades. Posso falar por mim mesma, ao dizer que a meia-idade não parece trazer muitas vantagens, mas, definitivamente, tem um benefício especial: os problemas já não me incomodam tanto quanto antes. Como muitos de meus contemporâneos, já acumulei experiência suficiente para superar incidentes – como o cancelamento de um voo – que me deixavam furiosa quando eu era mais nova. O ditado "o que não te mata te deixa mais forte" quase certamente é um exagero, mas não está de todo errado.

No papel de pais, temos que pensar no estresse da mesma forma que Cachinhos Dourados se sentia à vontade enquanto cometia uma transgressão. Não queremos que o nível de estresse de nossa filha seja constantemente baixo demais ou alto demais. Mas podemos considerar níveis razoáveis de estresse um nutriente para seu desenvolvimento saudável, que a ajudarão a se transformar na jovem forte e estável que desejamos que ela seja.

Muito do que nossas meninas aprendem a respeito de como lidar com o estresse vem da observação de como seus pais o fazem. Nossas filhas nos observam em busca de pistas sobre o quanto devem se alarmar diante das dificuldades da vida. Quando permitimos que nosso Chicken Little assuma o controle e entre em pânico diante de desafios controláveis, damos um mau exemplo. Quando aceitamos o fato de que o estresse frequentemente nos faz crescer – e ajudamos nossas meninas a fazerem o mesmo –, criamos uma profecia autorrealizável para nós e nossas garotas.

Os obstáculos, no entanto, só nos tornam mais fortes quando conseguimos superá-los. Assim sendo, nos próximos capítulos, este livro mostrará como você pode ajudar qualquer garota a superar os desafios que encontrará em seu trajeto da infância à idade adulta. Com sua ajuda e ao longo do tempo, ela poderá entender que o estresse é uma parte positiva e instrutiva da vida.

Exceto quando não é.

QUANDO O ESTRESSE SE TORNA NOCIVO

O estresse se torna nocivo quando excede o que uma pessoa pode absorver ou quando não lhe traz nenhum benefício. Não existem parâmetros para definir o que constitui um estresse nocivo, pois o volume de dificuldades toleráveis varia de pessoa a pessoa; e pode variar de um dia para outro em um mesmo indivíduo. O estresse se torna nocivo segundo duas variáveis: a natureza do problema e da pessoa sobre a qual o problema recai.

Os psicólogos consideram que o estresse é nocivo quando interfere no bem-estar a curto ou longo prazo. Se um fator de estresse prejudica ou não o bem-estar de uma pessoa, surpreendentemente, tem pouco a ver com a fonte de estresse e muito mais a ver com a disponibilidade de recursos para enfrentar o problema – sejam pessoais, emocionais, sociais ou financeiros. Por exemplo: um braço quebrado pode fortalecer a resiliência de uma garota que aprende a escrever com a outra mão e tem muitos amigos para ajudá-la a carregar seus livros. Ou pode ser uma tormenta para outra, que pode perder uma bolsa de estudos ligada a uma atividade atlética da qual precisa desesperadamente. Assim como quando um chefe de família é demitido do trabalho: a coisa fica muito pior para uma família que não dispõe de uma reserva financeira do que para outra que tem uma poupança saudável.

Saber que o estresse só se torna prejudicial quando suas demandas excedem nossos recursos nos ajuda a amparar melhor nossas meninas. Nem sempre podemos prever uma calamidade, mas muitas vezes podemos reunir reservas para ajudar nossa filha a lidar com os desafios que a vida coloca em seu caminho.

Um ótimo exemplo provém de meu trabalho de psicóloga-assistente na Laurel School, uma escola para meninas, que cobre desde o maternal até o Ensino Médio. Tenho passado lá uma parte da semana durante os últimos quinze anos, e nesse período observei diversas garotas do Ensino Médio com mononucleose, uma doença particularmente estressante. A atuação do vírus não difere muito de menina a menina – as vítimas geralmente faltam às aulas durante algumas semanas e precisam suspender as atividades extracurriculares. Mas o fato é que a doença vem a ser muito mais estressante para algumas alunas do que para outras.

Sob condições ideais, os pais da garota a cercam de carinho e cuidados, de modo a extrair o melhor de uma situação ruim. Providenciam para que ela repouse bastante, combinam com a escola uma forma de manter a filha razoavelmente em dia com as matérias e dão um jeito para que suas amigas venham visitá-la. Os pais de uma devotada jogadora de futebol levavam sua filha de carro para assistir aos jogos, de modo que ela pudesse torcer, da arquibancada, por suas adoradas companheiras de equipe. Quando a família dispõe de recursos para alocar em benefício de sua filha, tenho observado que um quadro de mononucleose não passa de um incômodo, uma pequena oscilação na carreira escolar da menina.

Outras famílias, principalmente aquelas que já estão no limite das situações estressantes que podem suportar, proporcionam apenas uma ajuda mínima. Uma garota que passa longas horas sozinha em casa pode optar por seguir as mídias sociais em vez de dormir, levando o vírus a permanecer mais tempo no organismo do que deveria. Pode ficar para trás nos trabalhos escolares ou mergulhar na tristeza, sentindo falta de suas amigas e dos momentos divertidos na escola. Já ouvi algumas alunas comentarem melancolicamente, após se recuperarem: "Obrigada, mono, por arruinar o meu semestre".

OS TRÊS TIPOS DE ESTRESSE

É claro que existem garotas e famílias que fazem tudo o que podem para amenizar o impacto social e acadêmico da mononucleose, mas ainda assim se veem em dificuldades para retomar a vida normal. Podemos entender melhor esse desafio se reconhecermos que, assim como nem todo estresse é ruim, nem todo estresse é igual. Quando os psicólogos estudam o estresse e seus impactos na saúde, eles o dividem em três domínios distintos: eventos da vida, aborrecimentos diários e estresse crônico.

Qualquer evento da vida que requer adaptação, como uma adolescente contraindo mononucleose, é algo inerentemente estressante. Até ocasiões felizes, como tornar-se mãe ou começar em um novo emprego trazem tensão, pois exigem adaptação a uma mudança brusca. Não há muitas regras básicas em psicologia, mas esta é uma delas: mudança é igual a estresse. Quanto mais mudanças um evento requer, mais extenuante será.

Além disso, os eventos da vida, tanto bons quanto ruins, também provocam perturbações. Por exemplo, pais que reprogramam suas agendas para cuidar de uma adolescente enferma podem ter problemas em cumprir suas tarefas rotineiras. Ou podem não conseguir lavar os pratos que se acumulam na pia, que geralmente eram colocados na máquina de lavar louças pela adolescente que contraiu mononucleose. Embora os aborrecimentos diários não pareçam ser um grande problema, eles se acumulam. Um recente estudo descobriu, notavelmente, que era o número de aborrecimentos diários provocados por um grande agente de estresse, como a morte de um ente querido, que de fato determinava a dimensão do problema emocional que uma pessoa sofreria mais à frente. Por exemplo, um homem pode ter a dor da perda de sua esposa amplificada pelo estresse de ter de entender o sistema que ela adotava para pagar as contas da casa.

Nossa compreensão instintiva do fardo que representa os incômodos diários explica nosso impulso para cozinhar para as amigas com bebês recém-nascidos. Abastecemos as geladeiras das pessoas que estão enfrentando eventos importantes da vida para poupá-las dos aborrecimentos adicionais de fazer compras e preparar refeições. Saber que nossas tarefas diárias aumentam o estresse pode nos estimular a tomar medidas para minimizá-las. Comer em pratos de papel por algumas semanas não vai curar a mononucleose de uma adolescente, mas pode ajudar a reduzir o nível de estresse total.

Além dos eventos da vida e dos aborrecimentos diários, existe também o estresse crônico. Trata-se do estresse que ocorre quando as circunstâncias básicas da vida são persistentemente difíceis. Enfrentar um estresse crônico – como morar em um bairro perigoso ou cuidar de um parente com demência – pode cobrar um pesado tributo, tanto da saúde física quanto da emocional. No entanto, mesmo nas piores circunstâncias, um alívio pode, às vezes, ser encontrado. Estudos sobre como pessoas jovens lidam com duas graves e persistentes fontes de estresse – suportar um longo tratamento contra o câncer ou ser criado por pai ou mãe com grave depressão – produziu valiosos ensinamentos que se aplicam a um amplo espectro de situações cronicamente estressantes.

Vi-me recorrendo amplamente ao que sabemos sobre como ajudar crianças e adolescentes a lidar com o estresse – mesmo num contexto de condições implacavelmente difíceis – quando trabalhei com Courtney, uma inteligente garota de dezessete anos cujos pais enfrentavam um arrastado e litigioso processo de separação. Courtney e eu começamos a nos encontrar semanalmente no outono, em seu último ano do Ensino Médio, depois que ela anunciou a seus pais que não conseguiria aguentar as brigas deles nem por mais um dia. Embora discordassem em muitas coisas, os pais de Courtney desejavam proporcionar à filha o apoio de que ela tanto precisava.

Quando nos conhecemos, Courtney e eu estabelecemos como objetivo encontrar um meio para que ela pudesse lidar com os problemas que enfrentava em casa. Nosso primeiro passo foi determinar o que podia e o que não podia mudar.

"Sinceramente", disse ela, "eu acho que eles nunca vão se entender." Com ar de exasperação, acrescentou: "Eles dizem que não vão brigar na minha frente, mas parecem que não conseguem se conter".

"Sinto muito em ouvir isso... Só posso imaginar como deve ser doloroso ouvir seus pais brigando."

Courtney olhou para as próprias mãos, depois para mim e respondeu cansadamente: "É, é horrível".

Depois de refletir por alguns momentos, eu disse: "Em relação às brigas, eu acho que você não pode fazer nada. Seus pais são os únicos que podem fazer isso parar, e não parece que estejam prontos para isso".

Courtney meneou a cabeça pesarosamente.

"Então, por mais que eu deteste dizer isso, acho que você tem que encontrar um modo de aceitar essa realidade por enquanto."

De fato, para dificuldades que não podem ser eliminadas, as pesquisas demonstram que praticar a aceitação é o primeiro passo importante. Se você contrai o nariz ao sentir o aroma New Age que emana da sugestão de "praticar a aceitação" (confesso que essa foi minha primeira reação), considere as coisas de modo pragmático. Para que gastar energia lutando contra uma realidade imutável? Se encontrarmos um modo de digerir uma verdade dura, podemos continuar nos adaptando a ela.

Courtney, entretanto, não concordava com isso.

Ao mesmo tempo incrédula e aborrecida, ela, então, respondeu: "Como posso aceitar as brigas deles? São horríveis!".

"Compreendo", respondi da forma mais suave que pude. "Se eu achasse que você tem o poder de ajudar seus pais a fazer uma trégua, eu a encorajaria o tempo todo. Mas acho que há coisas que você pode controlar e que a ajudarão na sua situação. Você estaria aberta para ouvir algumas ideias?"

Relutantemente, Courtney demonstrou seu desejo de me ouvir. Assim, falei sobre o que nos dizem as pesquisas feitas a respeito do estresse crônico. Ou seja, que os jovens devem procurar distrações alegres e agradáveis para se abrigar, ainda que brevemente, da torrente de estresse que estão enfrentando.

"Existem coisas de que você goste e que as brigas deles não conseguem atrapalhar?"

O rosto de Courtney relaxou quando ela pensou sobre minha pergunta. "Sabe", disse ela, "há uma coisa que eu realmente gosto de fazer...".

Levantei as sobrancelhas para lhe mostrar que eu estava ansiosa para que ela continuasse.

"Eu tenho um carro... nós dizemos que é da minha avó, mas na prática é meu... e eu adoro dirigi-lo pela Chagrin River Road." Sorri, indicando que conhecia o caminho que se inicia a cerca de vinte minutos a leste do meu consultório, nos subúrbios de Cleveland. "Abaixo os vidros das janelas, mesmo quando está frio, e ponho minhas músicas para tocar bem alto. Depois de uma canção, já me sinto melhor."

"Você pode fazer esse passeio sempre que quiser?"

"Basicamente sim. A não ser que eu tenha trabalhos de casa, ou coisas do tipo, mas não demoro muito para chegar lá partindo da minha casa."

"Então acho que isso deve fazer parte do nosso plano. Você não pode impedir seus pais de brigarem, mas parece que tem um meio confiável para escapar um pouco do estresse que as brigas provocam."

Courtney mordeu o lábio, mostrando-me que ainda não estava convencida.

"Com certeza é uma solução imperfeita", disse eu suavemente, "mas, pense assim: as discussões deles fazem você se sentir mal, e dirigir faz você se sentir melhor. Até que seus pais resolvam as coisas, dar uma volta de carro quando precisar dará a você algum controle sobre seu humor."

"É verdade", disse ela lentamente. Depois fez uma pausa e acrescentou: "Vou tentar e depois lhe digo".

Podemos ensinar às nossas meninas como lidar com o estresse crônico levando-as a pensar sobre o que podem e não podem mudar quando estão em circunstâncias difíceis. Se a turma de sua filha na escola estiver infestada de conflitos pessoais (alô, primeiro ano do Ensino Médio), você poderá ter de ajudá-la a se concentrar no que pode, de fato, fazer diante da situação, como manter laços de amizade com amigos descomplicados da vizinhança. Além disso, poderá ajudá-la quando estiver procurando formas de se distrair até que termine a tempestade social (dedos cruzados, segundo ano do Ensino Médio). Considerando que o estresse nocivo nem sempre pode ser evitado, devemos nos reconfortar com o que a ciência nos diz sobre como reduzir o estresse psicológico. Uma abordagem estratégica – determinar o que podemos fazer e encontrar um modo de conviver com o que resta – nos faz sentir menos desamparados e mais relaxados, mesmo diante de grandes adversidades.

DO ESTRESSE À ANSIEDADE

O estresse e a ansiedade são como gêmeos fraternos. Têm muito em comum, mas não são idênticos. O estresse e a ansiedade são parecidos no sentido de que ambos são psicologicamente desconfortáveis. Mas enquanto o estresse, normalmente, refere-se a um sentimento de tensão mental ou emocional, a ansiedade geralmente se refere a um sentimento de medo, pavor ou pânico.

Embora possamos distinguir entre o estresse e a ansiedade, esses estados na vida real frequentemente se enroscam um no outro. Por exemplo, uma garota que se sinta estressada com sua carga de trabalho na escola se sente ansiosa para cumprir suas tarefas. Uma garota que vive em um bairro onde tiroteios esporádicos causam surtos de pânico ansioso, quase certamente sofrerá de estresse crônico. Nem sempre podemos separar o estresse da ansiedade, e na maior parte do tempo não precisamos. Por razões práticas, podemos tratar ambos os conceitos como quase intercambiáveis (como muitas vezes será feito neste livro), concentrando nossos esforços em ajudar nossas filhas a manter sob controle tanto a tensão quanto as preocupações.

O estresse e a ansiedade são também semelhantes no sentido de que podem ser bons ou ruins. Já demos uma olhada na diferença entre o estresse saudável e o estresse prejudicial. Agora faremos o mesmo no tocante à ansiedade.

A ANSIEDADE SAUDÁVEL

A ansiedade é um dom, concedido pela evolução, para manter os seres humanos a salvo. Todos nós somos equipados com um sofisticado sistema de alarme profundamente programado em nossos cérebros. Quando sentimos uma ameaça, esse alarme aciona a ansiedade. Para colocar as coisas de outra forma, nossos ancestrais pré-históricos que corriam para a caverna quando avistavam um tigre-dentes-de-sabre sobreviveram para nos transmitir seus genes de ansiedade, que desencadeavam o alarme. O habitante da caverna que comentou distraidamente "Ei, olhe só que tigre bonito" não sobreviveu.

Nosso alarme de ansiedade agora toca em resposta a uma ampla gama de ameaças modernas. É acionado quando quase sofremos um acidente ao dirigirmos, quando ouvimos um ruído estranho, quando estamos sozinhos em casa ou quando nosso patrão convoca uma reunião inesperada numa época de demissões na firma. Além de nos alertar sobre as ameaças em nossas vizinhanças, a ansiedade nos alerta sobre nossos perigos interiores. Você conhece aquela sensação desconfortável que sentimos pouco antes de dizermos algo que lamentaremos depois? É a ansiedade nos avisando para calar a boca. E conhece aquela incômoda sensação que aparece quando estamos assistindo a filmes na Netflix em vez de fazer nossa declaração de imposto de renda? É a ansiedade tentando nos impedir de pagar a multa por perdermos o prazo. Em suma, a ansiedade trabalha para nos proteger do mundo e de nós mesmos.

Infelizmente, assim como o estresse, a ansiedade adquiriu má reputação. Em algum ponto do processo ficamos com a ideia de que esse desconforto é algo ruim, o que vem a ser uma ideia muito nociva. A aflição psicológica, tal como a dor física, funciona como um sistema de retroalimentação finamente ajustado para nos ajudar a corrigir o curso. Assim como a dor física nos faz tirar a mão de cima de um ferro quente, a aflição psicológica nos faz prestar atenção em nossas escolhas. Por exemplo, se você sempre se sente nervosa antes de almoçar com determinada amiga, pois nunca sabe como ela vai tratá-la, provavelmente está na hora de reconsiderar o relacionamento.

Portanto, eis a primeira coisa que podemos fazer para ajudar nossas meninas a controlar a ansiedade: podemos ensiná-las que a ansiedade pode ser amiga dela.

Muitos anos atrás, comecei a trabalhar com uma garota de dezesseis anos chamada Dana, cujos pais me telefonaram depois que ela bebeu tanto em uma festa que foi parar na emergência do hospital. Eu já clinicava há tempo suficiente para saber que não deveria tirar conclusão alguma sobre Dana com base em um único incidente e, de fato, quando nos encontramos, minha cautela foi recompensada. Em minha sala de espera, encontrei uma amável adolescente, vestida com uma calça jeans e uma camisa de flanela xadrez. Levantando-se rapidamente, ela estendeu a mão e se apresentou.

Enquanto apertávamos as mãos, eu disse: "Olá, sou a Dra. Damour". Ao que ela respondeu com sinceridade: "Obrigada por me receber". Eu lhe mostrei o caminho do meu consultório e a segui enquanto ela caminhava, na verdade quase saltitava, à minha frente.

Quando nos sentamos, eu disse em tom acolhedor: "Escute, você não me conhece e eu não conheço você, mas sei que aconteceu alguma coisa realmente assustadora". Em meus primeiros tempos como psicóloga, eu costumava cometer um erro de iniciante, entrava sem rodeios no assunto logo depois de conhecer as adolescentes. Em resposta, elas geralmente se calavam. A experiência me ensinou que as pessoas (e as adolescentes são, antes de tudo, pessoas) se sentem muito mais à vontade para falar sobre assuntos delicados quando não são pressionadas a fazê-lo.

"Você quer começar com o que aconteceu", prossegui, "ou se sentirá mais à vontade se nós conversássemos mais algum tempo para nos conhecermos melhor?"

"Agradeço a oferta", disse Dana, "mas não tenho problemas em falar sobre o que aconteceu. Na verdade, estou muitíssimo chateada com isso", começou ela, puxando uma mecha de seus cabelos cacheados, cortados à altura dos ombros. "Algumas semanas atrás minhas amigas e eu fomos a uma festa na casa de um garoto que eu conheço há muito tempo, e foi muito divertido. Mas então uma das minhas amigas soube de uma festa em outra casa e, por alguma razão, nós decidimos ir até lá. Eu não conhecia o garoto que estava dando a segunda festa, mas conhecia alguns dos amigos dele. Lá havia toneladas de garotos que eu nunca tinha visto, o que achei meio esquisito."

Assenti com a cabeça enquanto ela falava, mas não a interrompi. Dana parecia ávida para desabafar o mais rápido possível. "Eu realmente não me senti à vontade, estava nervosa. Tinha bebido uma cerveja na primeira festa e me senti muito bem; então achei que poderia tomar outra cerveja na segunda festa." Ela continuou: "Eu só queria me acalmar um pouco, pois minhas amigas estavam se divertindo e eu achei que passaríamos mais algum tempo lá".

"Enquanto eu estava tomando a cerveja, alguém me ofereceu uma dose de bebida forte, coisa que eu normalmente não tomo; mas achei que aquilo me ajudaria a relaxar mais depressa. Então bebi tudo." Ao ouvi-la, duas coisas me deixaram tensa: o livre consumo de álcool, sobre o qual eu ouço falar com demasiada frequência e a certeza que Dana tinha de que precisava encontrar um modo de acalmar seus nervos. "Depois disso", disse ela, "eu realmente não me lembro de nada. Minhas amigas disseram que eu continuei bebendo. Quando desmaiei, uma delas ficou muito assustada e telefonou para a mãe, que, então, ligou para minha mãe."

"Essa é uma boa amiga", disse eu, ao que Dana meneou a cabeça concordando solenemente. Então perguntei: "Podemos voltar ao momento em que você chegou na segunda festa?". Ela assentiu de novo, portanto continuei: "Você tem alguma ideia do que estava fazendo você se sentir tão pouco à vontade?".

"Ah, sim", respondeu ela rapidamente, "foi uma coisa maluca. Eu nem podia acreditar na quantidade de garotos que havia lá, e alguns deles eram sinistros, sem dúvida nenhuma. Não quero ser injusta", prosseguiu ela no mesmo tom despreocupado que os adolescentes usam quando dizem "sem querer ofender" antes de expressar uma opinião sem rodeios, "mas eles eram velhos demais para estarem em uma festa do Ensino Médio."

"Entendi", disse eu, "mas permita que eu lhe apresente uma ideia. Fico pensando se parte do que deu errado foi porque você tratou seus sentimentos de ansiedade como se fossem seus inimigos, quando, no meu modo de ver, eles estavam atuando como seus aliados." Dana me lançou um olhar intrigado. Continuei. "Meu palpite é que você se sentiu desconfortável porque é bastante inteligente para saber que aquela festa era provavelmente arriscada e você queria ir embora."

"Sem dúvida", respondeu ele enfaticamente, "o cenário não estava bom. Mas eu sabia que minhas amigas queriam ficar, então eu não soube o que fazer." Ela fez uma pausa e acrescentou timidamente: "É óbvio que eu não deveria ter feito o que fiz".

"Verdade", disse eu. "E tenho certeza de que você não ficará surpresa se eu disser que acho que você não deve mais beber." Ela inclinou a cabeça, admitindo meu ponto de vista. "Também acho que você se sentirá muito melhor e se preocupará muito menos com a possibilidade de alguma coisa assim acontecer de novo se você passar a conhecer sua ansiedade." Uma vez mais, Dana me lançou um olhar intrigado. "Os adultos muitas vezes falam sobre a ansiedade como se fosse uma coisa ruim, mas não é", disse eu. "A ansiedade pode sair do controle, e não queremos isso. Mas na maior parte das vezes é uma emoção realmente útil." Pela expressão de Dana, pude ver que ela agora entendia as coisas perfeitamente.

"Em vez de tentar me acalmar com aquele drinque", refletiu ela em voz alta, "eu provavelmente deveria ter prestado atenção ao meu nervosismo e encontrado uma desculpa para ir para casa."

"Sim", concordei, "você dispõe de um sofisticado sistema de alerta, que funciona muito bem para você. Vamos aproveitá-lo."

Tente fazer isso em casa. Na próxima vez que sua filha lhe disser que está nervosa porque ainda tem que estudar para uma prova, responda alegremente: "Ótimo! Estou feliz por você estar preocupada. Essa é a reação ideal porque, no momento, você ainda não está preparada. Assim que você começar a estudar, seus nervos vão se acalmar". Quando ela sair com amigos em uma sexta-feira à noite, você poderá dizer: "Divirta-se. Cuide-se bem. E se você se vir em uma situação em que não se sinta à vontade, preste atenção a este sentimento! Nós teremos prazer em buscar você se as coisas desandarem".

Em resumo, quando uma garota fica ansiosa desejamos que ela leve esta emoção a sério e pergunte a si mesma: *Por que meu alarme tocou? E qual a melhor maneira de silenciá-lo?* Considerando que nossa cultura carimbou a ansiedade e os demais sentimentos desconfortáveis com uma fama ruim, precisamos nos esforçar para ajudar as meninas a prestar atenção na ansiedade e valorizá-la como o mecanismo protetor que é.

A MECÂNICA DA ANSIEDADE

O medo é uma poderosa experiência emocional que pode, alarmantemente, sair do controle. Mas os psicólogos hoje reconhecem que a ansiedade é, de fato, uma reação altamente previsível e sistemática que ativa o envolvimento sucessivo de quatro sistemas diferentes. Primeiramente, os hormônios do estresse acionam uma reação biológica conhecida como a reação de lutar ou fugir. A adrenalina e seus aliados químicos aceleram os batimentos cardíacos, retardam as atividades do sistema digestivo e alargam as vias respiratórias, de modo a direcionar mais oxigênio para os músculos ativados nas ações de golpear e correr. Em resposta às mensagens enviadas por nosso sistema nervoso central para os músculos, a respiração se acelera e se torna mais rasa. Nossas pupilas se dilatam, para podermos enxergar melhor a grandes distâncias. Tão logo o perigo percebido termine, um sistema igualmente complexo reposiciona o corpo no estado anterior ao de ansiedade. Isso explica por que os momentos de pânico são frequentemente seguidos por uma urgente viagem ao toalete, já que o sistema digestivo começa a funcionar de novo. Seja o que for que dissermos acerca da ansiedade, é difícil negar que ela produz um espetacular show biológico.

Quase ao mesmo tempo, nossas emoções entram em ação. Então, tendemos a sentir nervosismo, medo ou pavor; algumas pessoas também se irritam quando estão ansiosas. Quando nossas emoções são afetadas, nosso sistema cognitivo – ou pensamento – intervém. Pensamentos profundos desaparecem, enquanto esquadrinhamos nossas vizinhanças cautelosamente em busca de informações sobre a ameaça percebida. Ao ouvirmos um ruído inesperado enquanto estamos sozinhos em casa, empinamos as orelhas enquanto perguntamos nervosamente a nós mesmos: "Será que me lembrei de trancar a porta? Será que alguém pode estar tentando entrar?". Em outras ocasiões, a ansiedade paralisa a mente ou provoca pensamentos exagerados, irracionais como: "Um assassino com um machado está em frente à porta"! Por fim, o sistema que controla nossas ações entra no jogo. Alguém verdadeiramente amedrontado por um som estranho na noite pode permanecer onde está, tentando não fazer nenhum ruído, pegar o telefone silenciosamente e discar 190 ou pode percorrer a casa brandindo um taco de beisebol.

Mesmo quando serve a um propósito útil – talvez nos ajudando a descobrir uma porta externa aberta pelo vento –, a ansiedade requer um grande esforço emocional, mental e físico. Quando este elaborado sistema de alarme funciona mal e sai do controle, ficamos completamente exaustos. Em casos assim, os clínicos provavelmente diagnosticarão um transtorno de ansiedade.

TRANSTORNOS DE ANSIEDADE E SEUS TRATAMENTOS

Os diversos modos pelos quais nossos sistemas de alarme podem falhar são ilustrados pela variedade de transtornos de ansiedade diagnosticados pelos clínicos. Quando o alarme toca insistentemente – às vezes baixo, às vezes alto, mas durante grande parte do tempo – aplicamos o diagnóstico de transtorno de ansiedade generalizada (TAG). Crianças (e adultos) que sofrem de TAG são acossadas por aflições que não conseguem controlar, suas mentes correm de uma para outra preocupação: "Será que ficarei por último quando escolherem os times no ginásio?" "Será que a professora vai me fazer uma pergunta inesperada?" "Será que nosso ônibus escolar vai partir sem mim no final do dia?" Esses toques constantes do sino da ansiedade podem prejudicar o sono, a concentração e, claro, a capacidade de a criança sentir-se calma e feliz.

Em outros transtornos, o alarme é menos indiscriminado, mas toca em altíssimos decibéis, respondendo a ameaças particulares. Por exemplo, transtornos de ansiedade por separação, por fobia social ou por fobias específicas causam uma angústia debilitante quando suas vítimas são, respectivamente, afastadas de seus cuidadores, expostas à possibilidade de escrutínio social ou confrontadas com um objeto ou uma situação que temem mortalmente. Considerando que crianças pequenas, com frequência, sentem falta dos pais quando deles são separadas, que a maioria dos adolescentes às vezes se sente desconfortavelmente no centro das atenções e que todos os seres humanos têm temores, nós só diagnosticamos um transtorno de ansiedade quando as preocupações de uma pessoa são totalmente desproporcionais em relação à ameaça percebida; ou se paralisam o funcionamento normal do indivíduo. Por exemplo, uma coisa é ter aversão a aranhas, outra bem diferente é deixar de comparecer a uma reunião importante num prédio velho e bolorento por medo de encontrar uma delas.

Quando a ansiedade aparece como uma terrível sirene que toca sem razão específica, chamamos isso de ataque de pânico. Esses ataques não são brincadeira. São irrupções de terror, nas quais os sintomas físicos de ansiedade são tão poderosos que as vítimas muitas vezes pensam que estão perdendo o juízo ou à beira da morte. Estudos revelaram que, na verdade, cerca de um quarto de todos os atendimentos emergenciais para dores no peito são motivados por ataques de pânico e não por problemas cardíacos. Ataques de pânico chegam ao máximo e retrocedem com rapidez – geralmente em vinte minutos. Podem ocorrer em meio a uma situação obviamente estressante, como uma decisiva entrevista de emprego, ou podem surgir do nada.

Curiosamente, ataques de pânico são comuns. Em algum ponto de nossas vidas, cerca de 30% de nós será atingido por uma onda de ansiedade tão intensa que incluirá alguma combinação de náusea, tontura, torpor, formigamento, uma sensação de desligamento da realidade, calafrios, suores e, como já observamos, medo de estar perdendo o controle ou morrendo. Embora um ataque de pânico seja algo horrível, nós só diagnosticamos o transtorno de pânico quando os ataques são recorrentes; ataques inesperados semeiam um medo constante de outro ataque ou fazem as pessoas modificarem suas vidas. Às vezes, as vítimas começam a evitar situações ou lugares onde tenham sofrido um ataque de pânico – como festas ou um ginásio – na esperança de evitar outro.

Alguns verões atrás, uma amiga de infância me telefonou do acostamento de uma rodovia, em algum lugar no sul do Colorado. Ela e sua filha de dezessete anos estavam na metade de uma viagem de seis horas desde Denver, nossa cidade natal, até Santa Fé, no Novo México, onde sua filha passaria o verão trabalhando no festival de música de câmara de Santa Fé, como há muito desejava.

Após me explicar o contexto, minha amiga prosseguiu: "Nós estávamos na metade desta linda viagem e então, do nada, minha filha se descontrolou. Começou a tremer, disse que parecia estar sufocando e explicou que nunca se sentiu tão aterrorizada na vida. Mas não sabia por quê. Num momento estava ótima, mas no momento seguinte, disse que tinha a impressão de que estava enlouquecendo. Ela está bem agora. Mas quase pirou".

Após fazer algumas perguntas à minha amiga, dei minha opinião: "O que você está descrevendo parece um clássico ataque de pânico. Esses ataques são terríveis, mas são basicamente inofensivos". Minha amiga ficou aliviada ao ouvir isso, mas queria saber o que deveria fazer em seguida: "Eu gostaria de saber se devo dizer ao empregador dela que ela precisará chegar mais tarde e depois retornar a Denver para examinar o problema...".

"Não", disse eu. "Acho que a melhor coisa a fazer será prosseguir viagem até Santa Fé. Ataques de pânico acontecem, mas não devemos dar a um único ataque mais poder do que ele merece." Depois falei à minha amiga sobre o único ataque de pânico que tive na vida. Aconteceu num curso de pós-graduação, quando mostrei resultados de testes de inteligência a um pai do tipo "morte-ao-mensageiro", que não ficou nada feliz quando soube que seu charmoso filho não obtivera resultados estratosféricos nos testes. Encorajei então minha amiga a dizer à filha que eu me lembrava vividamente daquele ataque de pânico. Eu me sentia aterrorizada, mas não conseguia terminar a reunião e sair do consultório o mais rápido possível. Felizmente, no entanto, a ocorrência não se repetiu.

"Tudo bem", disse minha amiga e depois acrescentou: "Acho que minha tia costumava ter ansiedade em alto grau. Você tem certeza de que não seria melhor verificar isso?".

"Ataques de pânico podem ser hereditários", disse eu, "mas acho que é melhor continuar a viagem até Santa Fé. Se o fato ocorrer de novo, telefone para mim e nós vamos dar um jeito de encaminhá-la a uma clínica no Novo México."

Não tive mais notícias delas naquele verão. Quando recentemente voltei a Denver para visitar minha família, encontrei-me com minha amiga e lhe perguntei como as coisas haviam terminado. Ela me contou que sua filha começara bem o verão, mas tivera outro ataque enquanto dava uma corrida no final de agosto, pouco antes de voltar para casa. "Ela se recuperou bem", explicou minha amiga, "pois sabia o que estava acontecendo. Depois ela até procurou informações sobre técnicas de relaxamento, mas felizmente não teve mais nenhum ataque."

Quando os nervos de uma garota interferem em sua vida diária, está na hora de procurar um clínico especializado no tratamento da ansiedade. A terapia cognitivo-comportamental (TCC) utiliza uma abordagem sistemática e sob medida no tratamento dos quatro componentes da ansiedade que mencionamos. Os praticantes da TCC empregam técnicas avançadas para ajudar os clientes a controlarem suas reações psicológicas, a lidarem com emoções angustiantes, a questionarem pensamentos causadores de ansiedade e a, gradualmente, enfrentarem seus temores.

A psicoterapia psicodinâmica, que se concentra em pensamentos e sentimentos que podem estar fora de nossa consciência, pode ser particularmente útil quando existe uma razão para o alarme de ansiedade que precisa ser descoberta. Foi o caso de Simone, uma garota que cursava o segundo ano do Ensino Médio. Sua mãe – que me encontrara por meio da orientadora educacional da escola – explicou-me ao telefone que sua filha vivia constantemente tensa, mas ninguém descobria o motivo. As coisas em casa estavam ótimas, Simone ia bem no colégio e tinha numerosos amigos. Quando lhe perguntei como Simone se sentia ante a perspectiva de se encontrar comigo, ela me disse que a filha estava realmente nervosa e que queria que a mãe a acompanhasse. Expliquei que ficaria feliz em fazer o que fosse necessário para facilitar o ingresso de Simone na terapia. Marcamos então uma data conveniente para ambas.

No primeiro encontro, Simone e a mãe sentaram-se ao lado uma da outra, tão juntas que suas pernas se tocavam dos quadris aos joelhos. Fiquei um tanto surpresa com o fato de que uma menina de quinze anos permitisse que sua mãe se sentasse tão próxima, mas Simone tinha uma qualidade inusitada: parecia precisar do reconfortante contato físico com a mãe, enquanto mantinha categoricamente a própria identidade. Nosso encontro inicial foi notavelmente pouco notável. Eu soube que Simone era a mais velha de três crianças, que sua mãe era uma empresária de sucesso que estava sempre viajando a trabalho e que elas moravam em Beachwood, um subúrbio perto do meu consultório, havia quase vinte anos.

Na sessão seguinte, Simone sentiu-se segura para vir sozinha. Sentou-se na extremidade mais distante do sofá, pegou um vaso com varetas e bolas magnetizadas, que eu mantenho numa mesinha, e construiu uma pirâmide que se elevou com uma satisfatória série de cliques quando as varetas e as bolas se conectavam. Enquanto trabalhava, Simone respondia tranquilamente às minhas perguntas sobre seu dia (tinha um monte de trabalhos de casa à sua espera), seus amigos (eram alegres e confiáveis) e seu nível atual de ansiedade (alto, graças às iminentes provas semestrais). Ela falou de seu relacionamento próximo com a mãe, dizendo: "Nós nos damos bem... não o tempo todo, mas na maior parte do tempo. E mesmo que eu não diga isso a ela, eu realmente a admiro". Simone descreveu o pai como: "meio difícil de entender – distante, eu acho –, mas um pai realmente legal e uma pessoa realmente boa".

Após a segunda sessão, fiquei conjecturando por que Simone estava tendo consultas comigo. Nada do que eu sabia até o momento parecia explicar seu constante nervosismo. E Simone não parecia estar com pressa de chegar às suas origens. Mas em nossa terceira sessão, o problema rapidamente apareceu. Simone entrou em meu consultório calada, pegou sua pirâmide e trabalhou em silêncio por alguns minutos. Depois perguntou: "Quanto do que nós conversamos você conta para minha mãe?". Assegurei a ela, como já fizera no primeiro encontro, que nossas conversas eram privadas, a menos que ela me desse um motivo para pensar que ela, ou outra pessoa, poderia ser prejudicada.

"Minha mãe teve um caso", disse Simone bruscamente, "e ela não sabe que eu sei." Então ela explicou que, alguns meses antes, entreouvira seus pais conversando sobre o fato de que a mãe de Simone aproveitara algumas de suas viagens a trabalho para ter encontros amorosos com um antigo namorado da faculdade. Ela acrescentou: "Pelo que eu ouvi, acho que minha mãe encerrou o caso e falou a meu pai sobre o que ocorreu. Tenho certeza de que foi difícil para meu pai, mas acho que eles estão fazendo terapia juntos e as coisas parecem estar correndo bem em casa. Só que eu não sei bem o que fazer".

"É um segredo pesado de se carregar", disse eu. Simone fechou os olhos, talvez para segurar lágrimas, e inclinou a cabeça, concordando. Ambas concordamos que guardar em segredo o caso de sua mãe ajudava a explicar seu nervosismo. Juntas, avaliamos então algumas de suas opções. Ela poderia contar aos pais o que sabia ou guardar a notícia para si mesma, por enquanto, para decidir mais tarde o que fazer. Ao sair, Simone parecia aliviada. Na verdade, parecia visivelmente mais leve, depois de dividir o fardo que vinha carregando sozinha.

"Há mais uma coisa", disse Simone no início de nosso encontro seguinte. "Eu sei que o caso não me envolve realmente, mas não sei ao certo como devo me sentir a respeito de minha mãe." Ela então explicou como gostava da mãe, como contava com ela e como estava orgulhosa de ter uma mãe que arcava com a maior parte dos gastos da família. "Eu realmente a respeito", prosseguiu Simone cautelosamente, "portanto é difícil saber o que pensar."

Perguntei prospectivamente: "Será que você pode estar se sentindo meio frustrada com ela?". Na verdade, eu suspeitava que Simone estava muito mais do que frustrada, mas aprendi a andar na ponta dos pés quando me aproximo de um sentimento que está sendo mantido ao largo. Perguntar "você está com raiva?" apenas faz os clientes se fecharem, principalmente quando construíram fortificações em torno de sua ira.

Lágrimas, filetes gêmeos de lágrimas, escorreram de repente pelas faces de Simone. Acertáramos na loteria, em termos emocionais, mas nenhuma de nós estava comemorando o fato. "Escute", disse eu afetuosamente, "sei que é doloroso ficar furiosa com alguém que você ama e de quem precisa tanto." Depois de ficarmos em silêncio por um longo tempo, falei de novo. "Sua frustração faz muito sentido", disse eu, "e acho que isso ajuda a explicar uma parte de sua ansiedade." Simone fixou os olhos em mim. "Talvez seus sentimentos de irritação sejam, na verdade, o terceiro passo de uma sequência emocional oculta."

"Passo um", expliquei. "Pode ser que em algum lugar, bem no fundo, você se sinta muito frustrada com sua mãe. O passo dois é você não estar querendo se sentir assim. Passo três: a pessoa que a trouxe aqui é a pessoa que a encheu de angústia. Talvez você esteja preocupada com a possibilidade de que seus sentimentos de raiva prejudiquem o bom relacionamento que você tem com sua mãe."

Simone apertou os lábios, concentrada. "Talvez... eu não sei", disse ela, "pode ser isso. Mas realmente não sei ao certo."

Ao longo das sessões seguintes, à medida que analisávamos a possibilidade de que a ansiedade de Simone era alimentada pela raiva, suas aflições começaram a ceder. Nosso trabalho era lento, mas pelo menos estávamos na direção certa.

Nem todos os tipos de ansiedade podem ser creditados a uma causa oculta, mas devemos ter em mente que a ansiedade trabalha para nos alertar de ameaças, tanto externas quanto internas. Às vezes uma garota se sente tensa por estar lidando com uma ameaça externa, como problemas com um dos pais. E às vezes tudo parece bem externamente, mas a garota enfrenta uma poderosa ameaça interna, como no caso de Simone, que se sentiu assustada com sua raiva direcionada à mãe.

Quando a terapia não proporciona alívio suficiente nem trabalha rápido o bastante, sentimentos de ansiedade podem ser controlados com ajuda médica. É importante notar que o fato de ser mulher pode aumentar a vulnerabilidade biológica à ansiedade. Desde a infância até a idade adulta, meninas e mulheres têm duas vezes mais chances de serem diagnosticadas com transtornos de ansiedade do que meninos e homens. Em esmagadora maioria, atribuímos essa enorme disparidade entre os gêneros a fatores não biológicos, que abordaremos no restante deste livro, mas existem algumas forças fisiológicas em ação que desgastam mais os nervos das mulheres do que os dos homens.

Você provavelmente não ficará surpresa em saber que mudanças pré-menstruais nos hormônios deixam muitas garotas e mulheres mais tensas, irritadiças ou mais inquietas que o normal. Além disso, para aquelas que sofrem com ataques de pânico, algumas pesquisas indicam que a queda pré-menstrual nos níveis de estrogênio e progesterona pode aumentar a frequência e a intensidade dos ataques de pânico para as garotas e mulheres que os têm. Vários estudiosos sugerem que os altos e baixos emocionais característicos do ciclo menstrual podem contribuir para o desenvolvimento de transtornos de ansiedade e para sustentar ou exacerbar transtornos já existentes. Estudos demonstram que a ansiedade também pode ser transmitida geneticamente, mas o júri ainda está decidindo se mais para as filhas do que para os filhos.

Quer a ansiedade resulte de uma predisposição genética, quer não, os medicamentos receitados por médicos podem contribuir para amenizá-la. Embora eu raramente indique um medicamento como primeira linha de abordagem, não hesito em recomentar uma consulta com um psiquiatra quando a psicoterapia não está conseguindo diminuir uma ansiedade persistente ou para clientes paralisados por inquebrantáveis ataques de pânico. De fato, os antidepressivos frequentemente proporcionam alívio para indivíduos com transtorno de pânico – esse é o nosso diagnóstico para quando o medo devastador de ter um ataque de pânico arruína a vida diária. Os sintomas de ansiedade são geralmente evitados enquanto a medicação é usada, o que permite que os clientes aproveitem o cessar-fogo para explorar, na terapia, sentimentos difíceis e ocultos ou para aprender técnicas de relaxamento, estratégias de pensamento e rotinas que lhes proporcionam a opção de conseguir, no final, controlar seu transtorno sem o uso de medicamentos.

Em anos recentes, práticas de atenção plena têm surgido como um modo altamente efetivo de se contrapor a emoções e ideias ansiosas. A atenção plena, uma abordagem enraizada em antigas técnicas budistas de meditação, ensina a pessoa a observar – sem julgar – os próprios sentimentos e pensamentos. A ansiedade provoca problemas ao convencer nossas filhas de que elas estão diante de ameaças insuperáveis e as leva a imaginar desfechos terríveis. A atenção plena trata da ansiedade, ensinando seus praticantes a observar cuidadosamente suas emoções, ideias e sensações, mas sem se deixar levar por elas.

As práticas de atenção plena não constituem necessariamente um substituto para a psicoterapia, mas compartilham princípios-chave com abordagens estabelecidas no Ocidente para lidar com sentimentos difíceis. No início da minha carreira, uma das minhas colegas favoritas assinalou para mim que os psicólogos têm uma profissão muito estranha. De um lado, visamos ajudar as pessoas a descobrirem precisamente o que estão sentindo e o que estão pensando. Queremos que nossos clientes se familiarizem intimamente com o panorama de sua vida interior. Tão logo as pessoas que estamos tratando entram em contato com seus dolorosos, perturbadores e amedrontadores mundos internos, nós recuamos e lhes asseguramos tranquilizadoramente que o que eles descobriram é apenas um pensamento ou um sentimento – e que eles têm opções de reagir a suas ideias e emoções.

Se você suspeita de que o nível de ansiedade de sua filha está muito alto, mas não sabe ao certo se uma visita a um especialista fará sentido, há um meio passo que você pode considerar. Com as orientações proporcionadas por este livro, você poderá explorar um dos muitos e excelentes guias e livros de exercícios existentes a respeito de como regular o sistema de respostas à ansiedade ou sobre como praticar atenção plena. Várias sugestões poderão ser encontradas na lista de *Obras Recomendadas*, ao final deste livro.

LIDANDO COM A ANSIEDADE COMUM

Embora não exista uma linha definitiva separando a ansiedade "normal" de seus extremos nocivos, os clínicos normalmente acham que um diagnóstico só se justifica quando o nível de ansiedade de uma pessoa se torna penetrante ou potente a ponto de arruinar a vida cotidiana. Infelizmente, muitas das jovens de hoje (e às vezes seus pais) tratam até o mais leve bafejo de ansiedade como motivo de preocupação. Na verdade, não é incomum uma garota me dizer: "Eu tenho ansiedade", como se estivesse descrevendo um defeito congênito grave e permanente.

Considerando que a ansiedade é um mecanismo de adaptação disponibilizado a todos os seres humanos, é possível imaginar que, por vezes, tenho que me conter para não responder com entusiasmo: "Claro que você tem! É por este motivo que consegue atravessar as ruas em segurança sem ser atropelada pelos automóveis!". Em vez disso, costumo fazer um monte de perguntas sobre as situações que desencadeiam a ansiedade dela. Mais frequentemente, chamo a atenção para o fato de que a ansiedade é uma coisa boa, de modo geral, assim como fiz com Dana, quando ela se viu em uma festa estranha.

Assim sendo, adultos bem informados podem ajudar garotas e jovens a ficarem menos preocupadas com o fato de sentirem ansiedade. Para isso, podemos ensiná-las que o nervosismo delas pode ocorrer em uma sequência contínua que vai da proteção útil até abalos preocupantes. E mesmo quando uma garota se vê na extremidade deprimente da sequência, há muito que pode ser feito para devolver suas preocupações e temores a níveis saudáveis.

Para ajudar as meninas a controlarem seu nervosismo, abordamos os mesmos quatro sistemas de respostas que funcionam como salvaguarda na ansiedade saudável e funcionam mal quando a ansiedade está fora de controle: as reações físicas, as respostas emocionais, os padrões de pensamento e os impulsos comportamentais. Alguns anos atrás, orientei uma de minhas colegas favoritas a respeito desses passos, durante um almoço na Laurel School. Estávamos conversando na lanchonete quando ela perguntou: "Posso contar com sua ajuda numa coisa que estamos enfrentando na minha casa?".

"Claro", disse eu, "o que está havendo?"

"Minha filha de onze anos está completamente confusa a respeito de um pernoite que vai haver na casa da prima dela. Ela está louca para ir, porque gosta da prima e das outras duas meninas que estarão lá também, mas está aterrorizada, achando que não vai conseguir dormir. Quando ela pensa no assunto, praticamente começa a hiperventilar."

"Fico feliz por você ter feito esse pedido", respondi, "pois há muita coisa que eu posso fazer para ajudar sua filha a lidar com esse pernoite." Pegamos alguns talheres e levamos nossas bandejas para um canto relativamente tranquilo da lanchonete.

"Para começar", disse eu, "você deve fazê-la entender que o corpo dela entra em aceleração descontrolada quando ela fica nervosa – é por isso que ela está hiperventilando."

Minha amiga inclinou a cabeça.

"Explique a ela que o cérebro dela está mandando o coração e o sistema respiratório se acelerarem para que estejam prontos a enfrentarem o perigo. O trabalho dela

– o que ela pode fazer – é dizer ao cérebro que, na verdade, não há nada de errado."

"Como?"

"Bem... sabe aquela história, que todo mundo conta, de que é bom respirar fundo algumas vezes para se acalmar?"

"Sim", disse minha amiga animadamente.

"Realmente funciona. Mas descobri que é mais eficiente quando as garotas sabem por que funciona."

Contei então à minha colega que, assim como os nervos vão do cérebro aos pulmões para mandar o corpo acelerar a respiração, os nervos também vão dos pulmões até o sistema nervoso central para dizer ao cérebro que se acalme. O cérebro está particularmente interessado nas mensagens que chegam do sistema respiratório, porque, se uma pessoa estiver sufocando, o cérebro precisa dizer ao corpo para reagir violentamente. Quando, deliberadamente, nós aprofundamos e retardamos nossa respiração, receptores de estiramento localizados nos pulmões recebem a mensagem de que está tudo bem e enviam esta informação de alta velocidade, de alta prioridade e altamente tranquilizadora de volta ao cérebro.

"Diga a sua filha que ela pode usar a respiração para hackear seu próprio sistema nervoso e acalmá-lo quando ela começar a se estressar com o pernoite. Vocês podem pesquisar on-line diferentes técnicas de respiração, para ver quais as opções que existem. Minha favorita é a chamada respiração quadrada."

"Explique", disse minha amiga entre duas mordidas.

Eu disse então que ela poderia ensinar a filha a inalar lentamente contando até três, segurar o ar contando até três, exalar lentamente contando até três e fazer uma pausa contando até três, e repetir o ciclo mais algumas vezes.

"Parece bem fácil", disse minha amiga, enquanto um barulhento grupo de alunos do Ensino Fundamental entravam na lanchonete.

"E é", concordei. "É mais eficiente quando as meninas praticam antes de precisarem. Todas as vezes que eu ensino a técnica a alguma das alunas, aqui na Laurel, eu faço uma analogia com os jogadores de tênis, que praticam dezenas de jogadas para encontrar uma técnica que possam usar em um jogo. Praticar uma técnica de respiração para relaxar funciona da mesma forma. A respiração quadrada é fácil de fazer, mas tem mais eficácia quando já existe uma rotina estabelecida que a garota possa usar quando estiver amedrontada."

"Quer dizer", disse minha amiga, "que eu posso ajudar minha filha a acalmar o corpo. Isso é bom; mas acho que ela ainda vai ficar angustiada."

"Então descubra quais são os medos dela. A ansiedade geralmente ocorre quando achamos que uma coisa vai ser muito pior do que é, e subestimamos nossa capacidade para lidar com o assunto."

"Bem, ela está tão aterrorizada que fica acordada a noite inteira."

Fiz uma pausa para pensar em uma sugestão. "Você pode dizer a ela: 'É provável que você tenha mais dificuldade em pegar no sono na casa do seu tio do que aqui em casa. Mas acho que você ficará tão cansada que vai apagar direto'. Ou algo do tipo. Você valida as preocupações dela e, ao mesmo tempo, faz com que ela veja que são exageradas."

"Tudo bem", disse ela, "mas eu sei que ela vai me dizer que está preocupada porque, se não dormir o suficiente, vai estar imprestável no dia seguinte."

"Nós chamamos isso de catastrofizar – imaginar o pior resultado possível."

"Ah, sim", respondeu minha amiga, com um sorriso, "ela pode ser muito boa nisso."

"Diga a ela que, mesmo que ela passe a noite acordada, no dia seguinte vai se sentir só cansada, e poderá ir para a cama cedo. Seja bem prática, para que ela possa ver que você não acha que isso seja grande coisa."

"Sinceramente, não sei bem se ela vai embarcar, mas tentarei."

"Bastante justo", disse eu.

"Tenho mais uma pergunta... Eu sei que quando ela chegar lá vai querer me telefonar várias vezes para que eu lhe diga que está tudo bem. É bom fazer isso?"

"Não", respondi rapidamente, "não é uma boa ideia."

Expliquei que a ansiedade nos leva a fazer coisas que proporcionam alívio imediato – como procurar encorajamento ou examinar compulsivamente alguma coisa que nos preocupa –, mas esses hábitos provocados pelo nervosismo não são úteis a longo prazo, pois só reforçam a ideia de que alguma coisa realmente está errada.

"Diga a ela que ela pode lhe telefonar quando for dormir, se quiser dizer boa noite, mas, fora isso, você vai esperar que ela use a respiração quadrada para relaxar, se estiver se sentindo angustiada."

O rosto de minha colega se ensombreceu. "Acho que ela ainda não está preparada para aguentar o tranco, mas sei que ela quer muito fazer o programa."

"Não se preocupe", disse eu, "se ela não for a esse pernoite, haverá outros. Enquanto isso, ela vai parar de se sentir à mercê da ansiedade se você a ensinar a se acalmar e questionar as ideias preocupantes e ansiosas dela."

OBSTRUINDO A MARÉ DE INQUIETAÇÕES

Quando permitimos que as meninas encarem todos os tipos de estresse e ansiedade como prejudiciais, elas ficam estressadas a respeito de ficarem estressadas e ansiosas a respeito de ficarem ansiosas. Portanto, devemos ajudar nossas filhas a controlarem o estresse e a ansiedade ensinando-lhes que tanto um quanto a outra são partes normais e saudáveis da vida. Quando o estresse e a ansiedade saem do controle, podemos recorrer à vasta soma de conhecimentos existentes sobre o assunto para enfrentá-los.

É importante lembrar que o estresse e a ansiedade podem se acumular, e que seu volume em nossas vidas aumenta e diminui como um nível de água. Mesmo nas melhores condições, todos nós patinhamos em pelo menos uma poça rasa. Enquanto vadeamos através de nossos aborrecimentos diários, há momentos em que as águas sobem rapidamente – como quando recebemos um telefonema inesperado da enfermeira da escola – e baixam quase na mesma velocidade – como quando verificamos que ela telefonou apenas para nos avisar que nossa filha e uma colega bateram cabeça com cabeça no ginásio, mas que não há sinais de concussão, apenas um galo como sinal do incidente.

Para muitas garotas a enchente de ansiedade subiu dos tornozelos para o pescoço. Este livro trata das fontes desse dilúvio e de como podemos tirar nossas filhas da água, ou pelo menos impedi-las de afundar. Os capítulos a seguir consideram cinco diferentes mananciais de estresse para garotas: interações em casa, com outras garotas, com garotos, na escola e com a cultura, no sentido amplo. Afluente por afluente, vamos verificar o que podemos fazer, como adultos amorosos, para amenizar as sensações de estresse e ansiedade que às vezes ameaçam afogar as garotas com quem convivemos.

CAPÍTULO DOIS

GAROTAS
EM CASA

Quando as coisas dão errado, nossas filhas às vezes conseguem aguentar as pontas na escola ou diante de seus amigos, mas desmoronam na privacidade de nossos lares. O modo como os pais reagem à angústia de uma menina tem o poder de tornar as coisas melhores – ou muito piores.

Este capítulo vai analisar as interações comuns que ocorrem todos os dias entre adultos bem-intencionados e suas combalidas garotas. Abordará o que não funciona e por que, descrevendo em seguida estratégias testadas eficazes para ajudar as garotas a controlarem os nervos, diminuindo suas angústias tanto a curto quanto a longo prazo.

A FUGA ALIMENTA A ANSIEDADE

Em uma terça-feira, na Laurel School, vi-me envolvida numa interação com uma aluna, que ilustra uma dinâmica comum entre pais e filhas ansiosas. Enquanto carregava uma bandeja cheia de comida da lanchonete até minha sala, ouvi alguém correndo atrás de mim. Ao me virar, vi Jamie, uma aluna do segundo ano do Ensino Médio, normalmente alegre, visivelmente em pânico.

"Dra. Damour! A senhora tem um minuto?"

"Claro. Com certeza." Fiquei mais do que feliz em abrir mão do meu projeto de responder e-mails enquanto almoçava. Jamie me acompanhou até uma esquina, desceu comigo alguns degraus e juntas entramos no que as meninas da Laurel chamam de sala Harry Potter. Como o quarto de Harry na casa dos Dursley, minha sala está aninhada sob a escada central da escola, no que antes era uma grande despensa. Por estranho que pareça, o espaço é perfeito. Embora localizado no centro do prédio e no principal corredor da escola, fica meio escondido. Assim sendo, as meninas e seus pais podem se reunir comigo discretamente.

Quando pousei minha bandeja e perguntei "O que está havendo", Jamie começou a chorar. Pondo uma das mãos sobre o estômago, ela apertou o braço da cadeira onde se sentara e começou a hiperventilar. Embora eu esteja habituada a estar com meninas profundamente transtornadas, a rapidez e a intensidade com que Jamie se decompôs me deixou surpresa. Estava claro que ela mal conseguira se conter até chegarmos à privacidade da minha sala. Uma vez lá, as comportas se romperam e emoções represadas se derramaram.

"Não conseguirei fazer minha prova de Química hoje", disse ela. "Não estou preparada, vou me dar mal e isso vai prejudicar minha média. Não posso fazer a prova." Ela fez uma pausa, respirou fundo e continuou: "Você não conseguiria me tirar dessa situação? Escrever um bilhete ou coisa parecida?".

Eu estava numa sinuca. Não tenho o poder de adiar provas na Laurel; estou lá para proporcionar apoio às garotas, não para alterar a programação escolar. Ao mesmo tempo, eu concordava totalmente com o fato de que Jamie, naquele momento, não estava em condições de fazer a prova.

"A que horas vai ser a prova de Química?", perguntei, tentando descobrir como poderia me inserir entre Jamie e sua professora.

"Vai ser só no último horário." Jamie fez uma pausa e sua respiração começou a voltar ao ritmo normal. Percebi que sua tensão se desvanecia quando ela acrescentou com ar esperançoso: "Talvez meu pai possa vir me buscar antes e eu possa ir para casa".

No instante em que percebi o alívio na voz de Jamie, enquanto ela imaginava sua fuga da escola, um princípio central de meu treinamento como psicóloga me retornou à mente. Ajudar Jamie a escapar da prova seria provavelmente a coisa menos útil que eu poderia fazer. Descartei, então, meus instintos protetores.

Instintos primitivos ordenam aos seres humanos que fujam de ameaças. Correr para longe é uma ótima ideia, principalmente quando a ameaça é um prédio em chamas, uma festa obviamente perigosa ou um vendedor brandindo um *spray* carregado. Muitas vezes, no entanto, fugir é uma péssima ideia, pois tudo o que aprendemos nas faculdades de Psicologia nos informa que uma fuga apenas torna a ansiedade pior.

A fuga não se limita a alimentar a ansiedade. Funciona como uma faca de dois gumes. Esquivar-se de uma ameaça percebida parece, num primeiro momento, uma boa ideia. Mas, na verdade, a evasão funciona como uma droga de ação rápida e incrivelmente poderosa. Jamie sentiu-se melhor só de *pensar* em ser resgatada da prova de Química por seu pai. O alívio de curta duração por ter evitado a prova logo daria lugar ao medo da prova seguinte, e de como ela seria ruim. Além disso, eludir nossos medos nos impede de descobrir que extravasaram. Se Jamie tivesse encontrado um caminho de fuga, teria tirado de si mesma a chance de saber que a prova, afinal, não seria tão ruim.

Fato é que as grandes fobias podem se desenvolver quando as pessoas, rotineiramente, fogem das coisas que temem.

Imagine uma mulher – vamos chamá-la de Joan – que tem medo de cães. Quando Joan caminha pela rua, sente uma onda de pavor sempre que vê um cachorro vindo em sua direção. Naturalmente, atravessa a rua para sair do caminho do animal. Ao chegar à calçada oposta, sente-se sempre muito melhor, o que torna muito mais provável que atravesse a rua na próxima vez que avistar um cão. Ao fazer isso, nunca tem chance de encontrar um cachorro amistoso. Permanece convencida de que todos os cães devem ser evitados e de que afastar-se deles lhe proporcionará uma imediata sensação de alívio.

Os psicólogos sabem bastante a respeito de como tratar fobias. E o que sabemos sobre ajudar pessoas como Joan a controlar seus medos irracionais se aplica perfeitamente aos modos de ajudar as meninas a enfrentarem o excesso de ansiedade.

Tratar da fobia de Joan por cães seria um processo simples. Ensinaríamos a ela técnicas básicas de relaxamento e avaliaríamos a que distância ela poderia chegar de um cão sem perder a calma. Usando um sistema conhecido como exposição gradual, ajudaríamos Joan a passar por um processo com níveis crescentes de contato com cachorros. Poderíamos iniciar mostrando-lhe fotos de cães enquanto estivesse praticando respiração controlada para permanecer relaxada. Depois lhe pediríamos para permanecer a um quarteirão de distância de um cachorro, que aproximaríamos mais um pouco. Depois mais um pouco, e assim por diante. Mais cedo ou mais tarde, Joan poderá se ver gostando, ou pelo menos tolerando confortavelmente, a proximidade com um cão.

Voltando ao caso de Jamie, posso lhes dizer que me concentrei e disse, gentilmente: "Espere. Vamos aguardar um pouco antes de chamar seu pai. Acho que podemos resolver isso juntas". Claramente, Jamie não gostou de saber que eu pretendia bloquear sua retirada, mas o pensamento de dar o fora da escola a relaxara o suficiente para tornar possível uma conversa.

"Qual é o problema com a Química?", perguntei. "Você está tendo dificuldades com essa matéria?"

"Geralmente não, mas estou realmente confusa com os tópicos que serão abordados nesta prova."

"Você pediu ajuda à sua professora?"

"Pedi, e ela foi ótima. Mas ainda não sei se compreendi bem."

"Posso ver por que você está com medo", disse eu. "E posso ver porque você veio à minha sala. Mas estou preocupada com a possibilidade de que você se sinta pior se não enfrentar isso de maneira firme." Jamie suspirou, indicando que estava aberta a sugestões. Perguntei: "Você tem algum tempo livre entre agora e a prova?".

"Sim, estou livre depois do almoço."

"Que tal isso... Por que você não procura sua professora de Química para ver se ela pode lhe oferecer alguns esclarecimentos de última hora? Se ela não puder, quero que você entre on-line e encontre vídeos tutoriais dos tópicos preocupantes. E mais importante: quero que você faça o teste mesmo que ache que não vai se sair tão bem quanto gostaria."

Sem entusiasmo algum, Jamie concordou com meu plano. Alguns dias depois, deparei-me com ela no corredor e lhe perguntei como tinham ido as coisas.

"Eu não consegui encontrar a professora para me ajudar antes da aula, e acho que não fui muito bem na prova. Mas pouco antes da prova, muitas garotas estavam fazendo perguntas à professora sobre o assunto que eu não tinha entendido. Então ela disse que nós poderíamos repassar a matéria mais tarde e, se necessário, fazer correções na prova para recuperar alguns pontos."

"Então a coisa não parece tão ruim", disse eu, numa entonação que soou como pergunta.

"Não", concordou Jamie, "a coisa não foi tão ruim. Acho que tudo vai terminar bem."

Quando sua filha quiser que você se interponha entre ela e algo que ela teme, resista à vontade de agir conforme o impulso instintivo de resgatá-la e se preocupe em ajudá-la a chegar às raízes de sua ansiedade. Por exemplo, se sua filha lhe disse que não tem possibilidade de comparecer ao seu recital de piano, descubra o que ela acha que *pode* fazer. Poderia tocar a obra para você pensando no recital? Poderia convidar algumas vizinhas e praticar tocando para elas? Poderia perguntar à professora de piano o que acontecerá se ela não comparecer ao recital, desistir de se apresentar? Poderia subir ao palco e ver o quanto da obra consegue tocar? Se essas opções falharem, veja se a professora dela pode lhe dizer onde a menina está encontrando obstáculos. Em suma, procure se organizar para ajudá-la a se mover *em direção à* ameaça, mesmo que a passos curtos, ao invés de fugir. Sua filha poderá não gostar muito dessa abordagem, mas o alívio imediato que sentiria se evitasse a ameaça não vale a exacerbação de sua ansiedade, que seria inevitável a longo prazo.

COMO LIDAR COM ATAQUES DE RAIVA

Não há nada que você queira mais do que encorajar sua filha a enfrentar seus temores. E é possível que já tenha tentado lhe dar sugestões maravilhosas a respeito de como ela poderia lidar com uma situação que a deixa torcendo as mãos. Se você trilhou esse caminho, provavelmente descobriu o que muitos pais descobrem quando tentam ajudar uma filha no auge da aflição: ela acha que suas ótimas ideias são inúteis e rechaça todas. Há muitos momentos divertidos na criação de uma filha, mas esse não é um deles. Ter diante de nós uma jovem tomada por um violento descontrole pode ser algo particularmente deprimente, sobretudo quando nossa ajuda a deixa ainda mais transtornada.

Mas o que estaria acontecendo?

Ela está lhe mostrando como se sente desamparada e fazendo você se sentir igualmente desamparado. Há muitas maneiras de se manifestar um sentimento. Na melhor das hipóteses, podemos expressar nossas emoções em palavras para as pessoas atenciosas e solidárias que existem em nossas vidas, sabendo que elas vão responder com carinho e compaixão. Numa hipótese não tão boa, somos dominados por nossas emoções e as expressamos tentando induzi-las nos outros. É o que acontece quando nos sentimos furiosos e tentamos comprar uma briga. E é o que acontece quando uma garota está no máximo de sua exasperação e acaba desafiando de tal forma os adultos que a amam, que esses acabam chegando também ao máximo da exasperação.

Tentar ajudar, persuadir ou aconselhar alguém que está transtornado raramente funciona (assim como dizer a alguém que se acalme quase sempre tem efeito contrário). Se quisermos chegar a um lugar onde possamos de fato ser úteis a nossas filhas, precisamos encontrar um modo de ter paciência quando elas estiverem subjugadas por emoções que fugiram ao controle.

Existe uma estratégia engenhosa para responder a meninas que se encontram fora de si, que aprendi quase sem querer em uma viagem que fiz ao Texas. Eu estava passando uma temporada com algumas colegas em uma excelente escola para meninas em Dallas, quando começamos a conversar sobre como as emoções das garotas podem ser poderosas e avassaladoras. "É aí", disse uma das orientadoras, "que nós pegamos o pote de purpurina."

Antes de continuar a história, tenho de reconhecer que nem sempre sou uma boa pessoa. Posso ser extremamente crítica diante de algo que me pareça psicologia popular; e também sou muito dura com qualquer coisa que eu considere exageradamente feminina. Portanto, como vocês podem imaginar, o termo *pote de purpurina* me colocou em alerta duplo. A orientadora saiu e logo retornou com o dito pote de purpurina – que era de vidro transparente, tinha uns dez centímetros de altura e estava cheio de água. Sua tampa fora presa com cola. Na água, em suspensão, rodopiavam partículas de faiscante purpurina. Quando a orientadora pousou o pote sobre a mesa, as partículas se depositaram no fundo. Com ceticismo, escutei o que ela tinha a dizer.

"Quando uma garota chega em pânico à minha sala", disse ela, no típico sotaque de Dallas, "e percebo que ela está um trapo, pego meu pote de purpurina e faço isso." Ela pegou o pote e o sacudiu com força, assim como sacudimos um globo de neve. Imediatamente, a água se transformou em uma fulgurante tempestade púrpura. "Depois digo à menina: 'Neste momento, seu cérebro está assim. Portanto, em primeiro lugar, vamos estabilizar sua purpurina'." A orientadora pousou de novo o pote, que observei sem desviar os olhos, como que hipnotizada. Quando a agitação da água cessou, percebi que aquelas orientadoras haviam criado um impressionante modelo de como atuam as emoções no cérebro de uma adolescente.

Como se sabe, em algum ponto entre as idades de doze e catorze anos, o cérebro dos adolescentes empreende um grande projeto de renovação. Remove os neurônios que são um peso morto e se transforma em uma rápida máquina pensante, capaz de abrir novos furos em velhas argumentações, esquadrinhar ideias para vê-las sob múltiplas perspectivas e, simultaneamente, analisar pontos de vista conflitantes, como acompanhar as trapalhadas da família Kardashian ao mesmo tempo em que articula uma crítica pormenorizada e devastadora do estilo de vida adotado por seus integrantes.

Para o bem ou para o mal, essa reestruturação neurológica se desenrola na mesma ordem em que o cérebro se desenvolveu no útero; inicia-se na região primal, localizada próxima à medula espinhal, e avança até a sofisticada área aninhada atrás da fronte. Em termos práticos, isso significa que os centros emocionais do cérebro, alojados no primitivo sistema límbico, são renovados antes dos sistemas de manutenção da capacidade avaliativa, situados no altamente evoluído córtex pré-frontal. Quando uma adolescente está calma, sua capacidade de raciocinar logicamente pode igualar ou superar a de qualquer adulto. Quando está transtornada, sua sobrecarga de emoções pode sequestrar todo o sistema neurológico, desencadeando uma ofuscante tempestade de purpurina e transformando sua filha, normalmente racional, em uma poça de lágrimas no chão da cozinha.

Minhas resistências pessoais à purpurina me impedem de adquirir o material de que precisaria para confeccionar os referidos potes para meu consultório particular ou para minha sala na Laurel. Isso, no entanto, não me impede de recomendar às minha amigas e colegas, que também cuidam de adolescentes, que façam potes de purpurina para si mesmas. Meu encontro no Texas mudou o modo como respondo, tanto em casa quanto no trabalho, a meninas que rodopiam num ciclone de aflição. Dentro da minha cabeça, ouço realmente as palavras daquela orientadora dizendo: "Em primeiro lugar, vamos estabilizar sua purpurina". Eu agora começo perguntando se um copo d'água ajudaria, quem sabe um lanchinho, caso eu tenha acesso a comida. Obrigo-me a ser paciente e a permanecer tranquila enquanto pergunto em voz alta, sem pressa alguma, se não seria bom dar uma curta caminhada para esticar as pernas ou colorir alguns cadernos de desenho que eu tenho sempre à mão.

Não é fácil refrear minha ânsia de dizer palavras tranquilizadoras, oferecer sugestões e perguntar como a menina se colocou numa situação tão ruim. Mas enquanto me contenho e me concentro em dar tempo para que a turbulência em seu cérebro diminua, dois fatos cruciais ocorrem: em primeiro lugar, a garota tem oportunidade de ver que não estou amedrontada por seus sentimentos. Isso não parece muita coisa, mas precisamos nos lembrar de que o córtex pré-frontal está avariado por emoções e não pode, pelo menos naquele momento, olhar de forma objetiva para o que quer que tenha deflagrado o frenesi. Quando os adultos reagem com calma, mas sem se mostrarem indiferentes, as meninas percebem que estamos aceitando a situação serenamente. Isso é muito mais tranquilizador para as adolescentes do que uma reação frenética e aguerrida – um sinal de que a crise nos amedronta tanto quanto amedronta a elas. Além disso, muitos pais despejam conselhos sobre uma garota que já se sente sobrecarregada, ou lhe perguntam o que ela fez para afundar na crise, o que é o equivalente a sacudir o pote de purpurina mental.

Em segundo lugar, assim que a tempestade de purpurina se abranda, o córtex racional volta a atuar. Com a cabeça agora desanuviada, a adolescente pode pensar em como enfrentar a fonte de sua acachapante ansiedade ou concluir que o problema não é tão ruim afinal. Isso explica a estapafúrdia, mas comum, sequência de eventos que ocorre em muitas casas. Primeiro, a adolescente se descontrola. Em seguida, rechaça qualquer ajuda ou sugestão oferecida pelos pais e se recolhe em seu quarto, dominada pelo nervosismo. Seus pais – agora também descontrolados – discutem freneticamente a possibilidade de conduzi-la à emergência de um hospital psiquiátrico, de pedir ao padre, ao pastor ou ao rabino da família que apareça para uma consulta de emergência ou de se mudarem para uma nova comunidade, onde sua filha possa recomeçar do zero.

No devido tempo, a menina reaparece em um estado mental absolutamente razoável. E fala sobre a ponderada resposta que encontrou para suas aflições a seus perplexos – mas sinceramente aliviados – pais. Ou lhes pede conselhos. Ou está de bom humor e age como se absolutamente nada tivesse acontecido.

Dito isso, suportar a tempestade de purpurina de uma adolescente pode ser uma das coisas mais desgastantes para os pais. Não importa que os sentimentos da menina sejam, na ocasião, exagerados ou irracionais; são muito reais para ela e para qualquer dos amorosos pais que esteja à sua frente. Quando sua filha perde a perspectiva, é fácil, para você, perdê-la também. Assim sendo, é útil ter um plano preparado para esses momentos. Uma amiga minha mantém uma coleção de chás na despensa para quando sua filha se sentir excessivamente nervosa. Para manter-se calma enquanto a purpurina da filha se assenta, minha amiga pega a coleção e, cuidadosamente, distribui as variedades diante de sua filha. *Um chá de ervas seria a melhor opção ou um pouco de cafeína ajudaria? Qual sabor parece melhor? Leite ou mel poderiam tornar o chá ainda melhor?*

Na condição de pais, devemos responder, mas não reagir, aos ataques de raiva de nossas filhas. Avaliar as opções de chá permite que minha amiga disponibilize sua presença e total apoio sem ser arrastada pelas vertiginosas, mas passageiras, emoções de sua filha. Alguns pais alcançam esse delicado equilíbrio ouvindo a filha em silêncio, antes de discretamente recorrer ao cônjuge, a um amigo ou amiga de confiança ou a pais mais calejados, em busca de apoio e orientação. Outros pais preferem a regra das 24 horas: abstêm-se de qualquer ação em resposta ao torrencial descontrole da filha durante pelo menos um dia. Todos os pais precisam de estratégias para superar as tempestades de purpurina de suas filhas. Deem a si mesmos um tempo para descobrir uma abordagem que funcione bem para vocês e para sua menina.

COMO REAGIR A REAÇÕES EXAGERADAS

Mesmo quando não estão transtornadas, garotas de todas as idades às vezes expressam temores inquietantes e irracionais. Dizem: "Não vou ter ninguém para sentar comigo amanhã no almoço.", ou "Nunca vou conseguir um papel na peça da escola" ou ainda "Não vou conseguir entrar numa faculdade". Já ouvi essas e outras afirmativas de meninas muito queridas, que são atrizes talentosas ou que estão prestes a serem aceitas por diversas faculdades. Nosso instinto natural, nesses momentos, é tranquilizá-las. Dizemos: "Claro que vai!", esperando que as coisas fiquem por aí.

Nossas filhas jamais ficariam estressadas ou ansiosas se esse tipo de resposta funcionasse sempre. De vez em quando, é claro, nossas palavras ternas conseguem superar uma ansiedade de modo definitivo. Mais frequentemente, porém, as palavras tranquilizadoras podem se parecer com um antigo jogo de fliperama chamado *Whac-A-Mole*, ou *Toupeira*. A aflição do momento surge na tela como a toupeira do jogo e a marreta virtual do otimismo cai sobre ela. A toupeira/aflição volta para seu buraco e uma nova surge em outro lugar. Marretamos essa também apenas para descobrir que a aflição original voltou a aparecer.

Por que palavras tranquilizadoras não funcionam, sobretudo em resposta a preocupações irracionais? Porque parecem não levar a sério o problema e as garotas as entendem como depreciativas. Se queremos, de fato, nos livrar de uma aflição, temos que atacar energicamente o problema.

Para isso, temos algumas opções: o conhecimento que você tem de sua filha e o contexto das preocupações dela a ajudarão a decidir como proceder. Às vezes, pergunto às meninas alegremente: "Topa jogar 'O Pior Cenário?'". Se a garota topar, eu começo perguntando: "Tudo bem, vamos dizer que você tem razão – não vai haver ninguém para sentar com você no almoço amanhã". Digo isso em um tom entre neutro e jovial, de modo a transmitir minha total aceitação da desagradável possibilidade. "Se isso acontecer", pergunto, "o que você vai fazer?".

Dar um exemplo de como aceitar uma situação ruim ajuda nossas garotas a fazerem o mesmo. A partir daí, podemos imaginar um caminho a seguir. Dedicar algum tempo para formular seriamente uma estratégia, junto das garotas, ainda que seja sobre preocupações que vemos como exageradas, contribui para que elas se sintam mais calmas e confiantes.

"Eu não sei", respondeu-me uma menina, "talvez eu pergunte a alguém, antes, se ela quer almoçar comigo."

"Boa ideia. E se isso não funcionar? O que mais você pode tentar?"

"Temos a opção de levar a comida para a área de estudos, que é sossegada, se quisermos."

"Você quer fazer isso?"

"Na verdade, não. Mas gosto de algumas meninas que costumam almoçar na área de estudos. Posso ver se elas querem almoçar juntas na lanchonete, no dia seguinte."

Quando acho que a sugestão de jogar "O Pior Cenário" pode parecer meio superficial, muitas vezes opto por uma abordagem estreitamente relacionada que pode funcionar igualmente bem. Nesse caso, começo lembrando a mim mesma que as coisas da vida podem ser divididas em três categorias: coisas de que gostamos, coisas que podemos enfrentar e coisas que constituem uma crise. Qualquer um que ande com gente jovem sabe que quando crianças e adolescentes ficam deprimidos, podem se esquecer da categoria do meio. Por vezes acham que quando as coisas não correm do modo que desejam estão diante de uma crise. Cabe aos adultos ajudá-los a ver a situação de outra forma.

Certa noite, no final de outubro, uma caloura do Ensino Médio chamada Molly lembrou-me de como pode ser estressante achar que não há margem alguma entre um desfecho desejado e um desastre. Como a temporada de basquete havia acabado de começar, a entrevista de Molly no meu consultório mudara das três da tarde, como de costume, para às seis, após o treino dela. Quando fui chamá-la na sala de espera, encontrei-a totalmente abatida. Seus ombros caídos e olhar amuado me indicaram que seus problemas – fossem quais fossem – iam além do fato de que ela estava se reunindo comigo no final do dia, após um duro treinamento.

Nós nos cumprimentamos e Molly me seguiu consultório adentro. Ao contrário de minha toca sob a escadaria na Laurel School, meu consultório possui amplas janelas em duas das quatro paredes. Quase nunca preciso acender a luz durante o dia. Mas era um início de noite no final de outubro e o sol já quase desaparecera. Pela primeira vez, nos cinco meses em que vínhamos trabalhando juntas, Molly e eu nos reunimos sob as luzes do teto e das luminárias da mesa que uso quando mingua a luz natural.

"O que houve?", perguntei, com uma expressão que deixava claro que eu não via mal algum em deixá-la estabelecer a agenda de nossas reuniões.

"O basquete está acabando comigo", respondeu Molly em tom de completa derrota. "Não estou brincando, acho que vou ser a única terceiranista do Ensino Médio a jogar no time de juniores."

"Epa, isso não parece muito bom", disse com ar solidário. "Por quê?"

"Eu quase joguei no time principal no ano passado, e fiz uma boa temporada. Portanto, não deveria ter problemas. Mas uma torção no tornozelo, que me incomodou durante o verão, começou a doer de novo. Minha treinadora sabe que estou fazendo o máximo que posso", Molly fez uma pausa, enquanto o desânimo anuviava seu rosto, "mas preciso sentar muitas vezes."

"O que o preparador físico falou sobre a sua torção?"

"Ele parece otimista. Acha que se eu pegar leve agora, posso me recuperar bem depressa. Mas percebi que minha treinadora já está tentando me preparar para o time de juniores." A voz de Molly se endureceu. "Ela tem dito que existem muitas jogadoras boas no terceiro ano – e, claro, todas estarão no time principal – e me disse que eu ainda posso ser uma líder, independentemente de como os times sejam escalados."

"Fico muito chateada", disse eu, "esse negócio no seu tornozelo foi mesmo uma droga."

"Não foi?", disse Molly. "Está me deixando louca. Estou tão estressada com isso que nem estou prestando atenção às aulas. Fico pensando em quando o tornozelo poderá receber de novo uma aplicação de gelo e uma atadura. Em vez de fazer meus trabalhos, fico procurando informações na internet sobre como tratar torções no tornozelo."

"Olha só, eu sei que jogar no time de juniores este ano é a última coisa que você deseja."

"É", disse ela, acrescentando com inesperada leveza: "Eu poderia muito bem atuar como babá, já que vou ser a coroa do time".

"Mas mesmo não sendo uma coisa que você queira, acho que você pode lidar com isso."

Existem duas palavras que eu uso um bocado com crianças e adolescentes às voltas com situações estressantes: *droga* e *lidar*. Quando elas me dão suas más notícias pela primeira vez, sinto que a frase "Ah, mas que droga" dita com sinceridade comunica às jovens que eu não vou tentar convencê-las a se sentirem melhor. Embora não pareça muita coisa, esse gesto, por si só, oferece um apoio surpreendentemente importante. Na verdade, sempre me lembro do poder quase mágico da empatia simples e direta todas as vezes que uso a frase.

Quando mais ajuda se faz necessária, concentro-me em saber como a menina gostaria de jogar as cartas que lhe foram distribuídas. Para mim, perguntar a uma garota como ela pretende lidar com alguma coisa me soa como um voto de confiança. Dá a ela o direito de opinar e a tirá-la da posição de apenas esperar que o problema passe. Se ficar constatado que realmente há alguma coisa que ela pode fazer a respeito da situação, melhor ainda. Se ela não souber o que fazer, podemos recorrer ao que já aprendemos a respeito de lidar com um estresse intratável: primeiramente, ela precisa encontrar um modo de aceitar a situação; depois, precisa encontrar uma distração que a deixe feliz.

"Eu posso lidar com a ideia de jogar no time de juniores", disse Molly. "Só que não quero."

"Compreensível", disse eu, "mas parece que jogar no time de juniores já é um fato consumado." Molly inclinou a cabeça e seu rosto revelou uma aceitação relutante da probabilidade. "E se você não lutar contra isso?", perguntei. "E se você aceitar a ideia de que a temporada de basquete não vai ser o que você esperava?".

O rosto de Molly assumiu uma expressão triste e, ao mesmo tempo, relaxada.

Após uma pausa, ela respondeu: "Acho que não vou morrer se jogar no time de juniores. E posso tomar providências para que meu tornozelo esteja realmente em forma no ano que vem".

"Existe algum aspecto de jogar no time de juniores que possa ser bom? Algum meio de tornar isso mais suportável?"

"Há algumas segundanistas legais no time – na verdade gosto mais delas do que de algumas garotas do primeiro time. Como eu provavelmente vou ficar com as segundanistas, posso muito bem me divertir com elas."

Levar alguém a aceitar uma situação indesejável não é fácil. Mas quando temos que tolerar o desconforto emocional de nossas filhas, nós as ajudamos a suportar circunstâncias penosas. Apesar da atração instintiva de oferecer um rápido consolo – "Tenho certeza de que o segundo time vai ser ótimo!" – isso pode soar como: "Seu desespero me deixa nervosa." Reconhecer que uma situação é uma droga e precisa ser enfrentada, por sua vez, envia uma mensagem poderosa que reduz o estresse: "Lamento realmente a situação que você está enfrentando. As boas notícias são que isso não é uma crise e que eu estou aqui para lhe ajudar a enfrentá-la."

Nosso reflexo de consolar nunca é mais inadequado do que quando uma garota expressa preocupações totalmente absurdas. Eu quase sofro distensões nos músculos de autocontrole quando ouço declarações como: "As provas do meio do ano vão acabar comigo!", ou "Vou passar os fins de semana sozinha pelo resto da vida!." Nesses momentos, precisamos de uma resposta à mão que não desdenhe nem alimente seus medos. Felizmente para você (e para meu autocontrole extenuado), encontrei uma solução confiável: manifeste solidariedade a respeito de como deve ser ruim estar se sentindo dessa forma.

Na próxima vez que sua filha lhe diga coisas como "Todos os professores me odeiam!", tente lhe dar uma resposta como: "Oh, amor... isso deve ser uma coisa horrível até de se pensar." Para "Vou me dar mal em Álgebra!", tente "Bem, não acho que isso vá acontecer, mas parece que hoje o dia foi uma droga". Caso você se veja enredada em uma discussão que a deixa desamparada – como "Não há o que alguém possa fazer para me ajudar em Álgebra!" –, saia da arapuca demonstrando a sua garota que você conseguiu entender seu estado emocional. Diga com ternura: "Eu sei que você está se sentindo desamparada, e não dá nem para imaginar como isso deve ser horrível".

Demonstrar solidariedade com o desespero de nossas garotas não é somente eficaz; é também muito superior à alternativa de oferecer consolo.

Pense dessa forma: uma menina que insiste que todos os seus professores a odeiam sabe, em algum nível, que isso não pode ser verdade. O que ela está tentando comunicar é que se sente muito, muito transtornada. Se questionarmos os fatos ou respondermos com alegre otimismo, estaremos nos afastando do essencial. Sua filha a fará entender que você passou ao largo e ficará cada vez mais desalentada. Mas quando deixamos claro que nós entendemos o problema – que nós aceitamos o fato de que ela se sente péssima –, nossa compaixão a fará sentir-se melhor. A partir daí, ela poderá procurar uma solução ou, simplesmente, deixar o problema de lado.

A RAIVA ACONTECE

Se você tem uma filha normal, ela às vezes ficará furiosa. Nada do que você fizer impedirá isso. A boa notícia é que suas erupções emocionais, por si mesmas, dizem muito pouco a respeito de sua saúde psicológica como um todo.

De qualquer forma, não é fácil estar presente quando uma garota desencadeia uma raivosa tempestade de frustração, ficando tão estressada que responde bruscamente quando você lhe pergunta o que ela quer jantar, ou chora dobrando o corpo, transtornada. Momentos assim exigem muito dos pais e, frequentemente, requerem uma grande dose de paciência para serem bem administrados. Embora você não possa controlar o fato de que sua filha às vezes perde o controle, o modo como reage pode fazer grande diferença.

Décadas de pesquisas nos dizem que nossas filhas leem nossas reações – até nossas expressões faciais mais passageiras –, em busca de sugestões que poderão estancar, ou aumentar, a inquietação que sentem. Tentar impacientemente resgatar meninas de ameaças controláveis, racionalizar suas tempestades de purpurina, conter suas preocupações com palavras de consolo vazias ou retrucar com raiva são respostas que podem involuntariamente lhes alimentar os temores. Ao passo que responder de forma prudente e tranquila pode ter um poderoso efeito positivo sobre os tormentos imediatos e de longo prazo de uma garota.

Mas assim como uma pessoa que está se afogando não consegue salvar outra, é impossível reagir calmamente a ataques de raiva quando nossos próprios nervos estiverem abalados. Se você estiver prostrada pelo estresse ou se sofre, com frequência, picos de ansiedade, não deixe de procurar o apoio que merece, tanto para você quanto para sua filha. As pesquisas, uma vez mais, demonstram que pais muito nervosos têm mais probabilidades de ter filhos facilmente amedrontáveis e com dificuldades para controlar o estresse.

Quero deixar claro que nós não precisamos – e com certeza não devemos – criar filhos como se fôssemos plácidos mestres Zen, que acolhem um caos emocional com desapaixonada profundidade. E quando reagimos a nossas filhas de modos que lamentaremos mais tarde (como perder a calma com uma menina cujo estresse vem à tona sob forma de sarcasmo), devemos nos lembrar de que nossas filhas são bastante resilientes e não necessitam que nós sejamos perfeitos.

Da mesma forma, devemos refletir seriamente sobre nossos níveis de tensão emocional e tomar medidas, onde pudermos, para reduzir a tensão em nossas vidas. Nossas meninas estão profundamente sintonizadas com nossos estados psicológicos e com as atmosferas emocionais que criamos em nossos lares. Portanto, vamos voltar nossas atenções para as coisas concretas que os pais podem fazer para assegurar as próprias máscaras de oxigênio, de modo que possam reagir de forma proveitosa quando o estresse estiver sufocando suas garotas.

QUANDO A NOTÍCIA ABALA NOSSOS NERVOS

Embora o emprego de defesas psicológicas possa soar como algo ruim, nem sempre esse é o caso. Nunca é um orgulho dizer que alguém está "na defensiva", pois nenhum de nós conseguiria atravessar o dia sem nossos escudos psicológicos. Frequentemente, recorremos a nossas defesas para suportar experiências emocionais aflitivas sem nem mesmo ter consciência disso. Por exemplo, se perdemos o ônibus e pensamos *Ah, bom. É sempre bom caminhar para fazer um pouco de exercício*, estamos usando a defesa da racionalização para tirar o melhor de uma situação ruim. E quando estamos furiosos com nosso chefe e removemos a raiva dando uma longa e extenuante corrida, estamos recorrendo à sublimação para canalizar um sentimento sombrio numa direção produtiva.

As defesas podem ser prejudiciais se usarmos sempre a mesma ou se distorcerem a realidade, como quando os indivíduos se recusam a reconhecer acontecimentos que realmente ocorreram (negação), ou persistentemente atribuem os próprios sentimentos indesejáveis – como lascívia, ódio, inveja – a outras pessoas (projeção). Mas quando empregamos uma variedade de defesas para evitar coisas que distorcem a verdade ou prejudicam relacionamentos, os escudos mentais nos possibilitam suportar as pedras e setas psicológicas da vida cotidiana.

A compartimentalização é uma defesa psicológica valiosa, embora relativamente pouco citada. Pode ser descrita como a defesa "não vou pensar nisso agora"; nós a usamos regularmente na vida cotidiana. Por exemplo, os motoristas sabem que, em qualquer cruzamento, uma pessoa vinda de outra direção pode avançar o sinal e provocar um grave acidente. Mas nós não conseguiríamos dirigir se de fato pensássemos nessa possibilidade o tempo todo. Portanto, não pensamos nisso quando entramos em nossos carros para irmos ao local desejado.

Estarmos à mercê das más notícias do mundo nos cobra um tributo emocional. A vida moderna – mais especificamente a onipresença de dispositivos digitais que nos mantêm atualizados sobre o que acontece ao redor do mundo – torna cada vez mais difícil "simplesmente não pensar a respeito" dos eventos que ocorrem fora de nossa esfera diária. Sempre houve más notícias no mundo, mas era muito mais fácil compartimentalizá-las quando estávamos limitados à leitura do jornal da manhã e ao noticiário noturno da televisão. Muita coisa pode ser dita, claro, a favor de uma conscientização mais ampla, profunda e atualizada do que está ocorrendo no mundo. Ser uma pessoa bem informada é, sem dúvida, algo bom. Além disso, estar ciente dos acontecimentos atuais e ser solidário com o sofrimento dos outros pode nos motivar a agir de forma humanitária e nos lembrar de que nossa boa vida não é algo garantido.

No entanto, temos que reconhecer que o acesso constante às notícias pode ter um custo, principalmente quando as notícias são estressantes. Um fluxo contínuo de atualizações perturbadoras pode abalar nossos nervos e nos mergulhar numa busca compulsiva pelos últimos desdobramentos.

Devemos nos lembrar também de que a mídia, por natureza, destaca os eventos lastimáveis que *estão* acontecendo, não os eventos lastimáveis que *não estão* acontecendo. Esse desequilíbrio pode ampliar nossos medos desnecessariamente. Embora o mundo possa parecer mais assolado por guerras agora do que em décadas passadas, dados objetivos sugerem que mortes relacionadas a conflitos eram muito mais comuns nas décadas de 1960, 1970 e 1980 do que atualmente. Apesar disso, avaliações conduzidas pela Sociedade Americana de Psicologia dão conta de que mais adultos se sentem extremamente estressados devido a preocupações com a segurança pessoal hoje do que em qualquer período da última década. Se essa inquietude reflete ou não a realidade depende, quase com certeza, do indivíduo em questão, mas o aumento geral das preocupações não coaduna com os dados que demonstram uma queda acentuada nos índices de crimes violentos e homicídios nos Estados Unidos, em comparação ao que eram dez anos atrás.

Mais dentro da nossa área, a obsessão da mídia em caçar cliques significa que quando há notícias sobre as adolescentes, essas são geralmente alarmantes. Isso pode induzir os pais a se sentirem indevidamente preocupados, sobretudo considerando que estamos criando agora a mais bem-comportada geração de adolescentes já registrada. Comparados aos das gerações passadas, nossos adolescentes têm menos probabilidades de já terem experimentado maconha, cocaína ou alucinógenos, de terem experimentado ou abusado de álcool e de terem fumado cigarros. Têm mais probabilidades de usarem capacetes ciclísticos e cintos de segurança, de se recusarem a viajar com motoristas bêbados e menos probabilidades de terem feito sexo. Quando fazem sexo, os adolescentes de hoje têm menos parceiros e mais probabilidades de usarem preservativos. Nossos adolescentes enfrentam perigos emergentes, como cigarros eletrônicos e abuso de opioides (que, a propósito, é muito mais comum entre adultos que entre adolescentes). O ponto principal é claro: os adolescentes de hoje, enquanto grupo, controlam-se melhor do que jamais fizemos.

É desnecessário dizer que isso não significa que devemos parar de nos preocupar com nossos adolescentes, pois é isso o que os pais fazem. Nem que devemos desconsiderar ou ignorar as verdadeiras catástrofes humanas e ambientais que se desenrolam à nossa volta diariamente. Mas devemos reconhecer que a mídia e as plataformas digitais que nos trazem as notícias compartilham do mesmo objetivo: capturar nossa atenção. Obviamente, nunca foi tão fácil capturar nossa atenção como agora, quando a maioria de nós carrega um distribuidor de notícias durante todas as horas em que permanecemos acordados.

Selecionar o quanto devemos saber acerca dos eventos mundiais é uma decisão altamente pessoal. Mas é uma decisão que a moderna tecnologia exige que seja tomada após uma reflexão, sobretudo quando os prejuízos à nossa saúde mental estão começando a suplantar os benefícios de estar informado. É muito fácil presumir que estar bem informado é bom e que quanto mais informações, melhor. Conquanto isso seja verdade para algumas pessoas, não se aplica a todo mundo. Se estarmos por demais informados sobre as notícias do dia pode nos transformar em feixes de nervos hiper-reativos, nossa ansiedade inevitavelmente será transmitida aos nossos filhos. E se a preocupação da mídia com as últimas más notícias sobre os adolescentes nos faz tratar nossas filhas fortes e estáveis como se fossem frágeis e impulsivas, devemos, para o bem delas, reconsiderar nosso relacionamento com o ciclo de notícias e, talvez, adotar uma compartimentalização consciente.

RECOLHENDO O LIXO EMOCIONAL

Assim como temos hoje mais informações preocupantes sobre o mundo do que nunca antes, também sabemos mais que qualquer geração anterior de pais sobre os detalhes da vida de nossos filhos. Graças, mais uma vez, à tecnologia. Nesse ponto, não devemos presumir que ter uma fonte contínua de informações – principalmente sobre os momentos em que nossos filhos estão deprimidos ou ansiosos – será sempre algo bom.

Psicólogos há muito compreenderam que os adolescentes lidam com emoções indesejáveis transferindo-as para os pais. Antes do alvorecer do telefone celular, os adolescentes o faziam largando casualmente bombas durante o jantar. Dizendo, por exemplo: "Ah, a propósito, o carro está precisando de um novo para-brisa". E depois reclamavam que os pais estavam exagerando ao ficarem aborrecidos. Na verdade, provavelmente, a adolescente passara o dia sentindo-se péssima com relação aos eventos que provocaram o para-brisa quebrado, mas esses acabaram chegando ao limite de sua capacidade para tolerar o desconforto. Assim sendo, ela jogou sua aflição sobre os pais do mesmo modo que alguém se livra de uma pilha de lixo: joga-o fora e não quer ter mais nada a ver com o assunto. Esse velho recurso funciona bem para a garota, que se sente aliviada de seus refugos emocionais, mas não tão bem para os pais, que agora se veem às voltas com o problema.

Os telefones celulares, por sua vez, revelaram-se as mais práticas latas de lixo. O seguinte cenário deve ser familiar a quaisquer pais de uma adolescente que tenha um aparelho. Começa quando a adolescente envia à mãe, no meio do dia, um texto absurdo, mas inquietante. Algo como: "PSIU, estou saindo da escola". Em resposta, o amoroso genitor envia uma resposta indagadora, juntamente de uma carinha apreensiva: "Ah, não! O que houve?". A adolescente se recusa a responder. A partir daí, o genitor passa o dia acossado por preocupações a respeito do que poderia ter provocado o texto alarmante, talvez até tentando se comunicar de novo e ainda se vendo impossibilitado de obter mais informações por parte da filha. Por quê? Porque a garota simplesmente quis se ver livre do lixo emocional, e não o discutir, e agora ele carrega o horrível sentimento que antes pertencia à filha.

Quando eles se encontram, ao final do dia, a reunião pode transcorrer de muitas formas. Mas o desfecho mais provável é que a menina tenha se sentido melhor no momento em que, digitalmente, despejou sobre o genitor seu lixo emocional. Em resumo: esse sofreu o dia todo com um problema de que a filha mal se lembra, ou que não tem interesse em discutir quando chega em casa.

Uma amiga minha engendrou um brilhante modo de tirar proveito dessa interação após passar vários dias alarmada com textos enviados por sua filha de catorze anos. Ela comprou um lindo caderno e o deu à filha, dizendo: "Vamos tentar isso. Tudo o que você quiser escrever para mim durante o dia escreva aqui. Depois, no final do dia, você me mostra o que está querendo que eu saiba". A filha, de fato, usou o caderno como repositório de pensamentos e sentimentos incômodos que emergiram na escola. Mas quando a noite chegava, ela raramente tinha interesse em compartilhar quaisquer observações sobre eventos que, àquela altura, mal estavam visíveis em seu espelho retrovisor. De vez em quando, porém, ela chegava em casa impaciente para conversar com a mãe sobre algum acontecimento inusitado.

A solução do caderno cumpriu, efetivamente, três coisas ao mesmo tempo. Primeiro, interrompeu a saraivada de textos inquietantes sem desconsiderar as preocupações da filha. Depois, sem ter de dizê-lo, minha amiga comunicou à filha que nada poderia ocorrer na escola que exigisse a imediata intervenção de sua mãe e, caso ocorresse, ela tinha certeza de que seria informada por um adulto. Em outras palavras, o caderno servia para lembrar à adolescente a ampla categoria chamada "Coisas que eu posso fazer", que as adolescentes às vezes perdem de vista quando estão transtornadas. Por fim, nas ocasiões em que a adolescente tinha, de fato, alguma preocupação para comunicar, ela agora a discutia com a mãe, a qual, graças ao abençoado caderno, não passava o dia inteiro inquieta com a filha. A medida, sem dúvida, tornou mais fácil para minha amiga responder às preocupações da filha da forma calma e ponderada que, como sabemos, é a mais eficaz.

OS PAIS PODEM SABER DEMAIS

Sermos pais, na era digital, significa que temos acesso a uma atordoante quantidade de informações sobre as vidas de nossas filhas além do que elas decidem nos contar. Se quisermos, podemos ler suas conversas com as amigas, ver como participam nas mídias sociais, sabermos o que pesquisaram on-line e até rastrear sua localização física.

Descobri que não posso dar uma resposta genérica a respeito de como os genitores devem monitorar o uso que suas filhas fazem da tecnologia, nem se devem usar a tecnologia para monitorá-las. Há muitas variáveis em jogo, como a idade da menina, o nível de impulsividade, currículo e assim por diante. Mas se abordarmos a vida de nossas filhas no intuito de acalmar nossa ansiedade parental, creio que devemos ter em mente de que agora é possível saber *demais* sobre elas. Isso se tornou evidente para mim certa tarde em meu consultório, quando uma amável e ponderada garota de dezessete anos, chamada Hailey, descreveu um bate-boca que tivera com o pai.

Visivelmente irritada, ela disse: "Meu pai perdeu a paciência comigo nesse fim de semana. Foi horrível".

"O que aconteceu?", perguntei, sem disfarçar minha surpresa. Ela era tão bem-comportada quanto qualquer menina que eu conhecia; portanto, eu estava curiosa em saber o que havia levado seu pai a estourar, pois eu sabia que ele era um pai gentil, atencioso e amoroso.

"A festa na escola foi no sábado à noite, e depois fomos a uma reunião na casa da Trina. Ela não é minha amiga íntima, mas temos muitos amigos em comum e todos eles foram para lá após a dança. Meus pais não queriam que eu fosse porque souberam que as reuniões na casa da Trina são sempre muito loucas."

Assenti, para lhe indicar que ela não precisava explicar mais. Sei muito bem que grande parte das escolas de Ensino Médio tem alguns alunos cujas casas são notórias pela falta de supervisão por parte dos adultos.

"Eu concordei em não ir, o que me deixou meio que chateada", disse ela, parecendo, ao mesmo tempo, frustrada e resignada. "Mas todo mundo da minha turma estava indo e eu era uma das motoristas. Então deixei meu acompanhante na casa da Trina e permaneci na varanda por uns cinco minutos, conversando com a irmã mais velha da Trina, que acabou de terminar a faculdade. Quando entrei em casa, meu pai explodiu. Tinha rastreado minha localização pelo telefone e estava superirritado por eu ter ido à casa da Trina. Não importava que eu não tivesse permanecido lá e nem mesmo entrado na casa."

"Oh", disse eu baixinho, enquanto tentava imaginar como poderia responder sem tomar partido.

"Ele se acalmou um pouco quando me deixou explicar que não havia carros suficientes para levar minha turma até a festa." Abatida, Hailey acrescentou: "Ele acha que eu deveria ter telefonado para dizer a ele que eu iria fazer uma parada na casa da Trina, e disse que agora sente que não pode confiar em mim".

"Oh", disse eu de novo, antes de perguntar: "Ele costuma seguir você pelo telefone?".

"Sinceramente, não sei. Não acho que ele estivesse me procurando nem nada. Acho que ele fica preocupado quando eu saio à noite e quer saber se eu estou bem."

Ao ouvir sua história, senti-me triste por Hailey, que, na verdade, nada havia feito de errado. Também me senti triste por seu pai, que, por ter tido mais informações do que seria necessário, tivera um péssimo fim de semana e poderia estar à beira de um relacionamento tenso com a filha. Conversar com Hailey e outras adolescentes que tiveram problemas com seus pais por conta de atividades que nossos próprios pais jamais teriam meios de saber fez-me pensar em uma situação paralela na medicina: a disponibilidade da tomografia computadorizada para todo o corpo.

A TC, como é frequentemente chamada, produz uma imagem de raio X do corpo extremamente detalhada e tem sido apregoada como um modo de detectar os primeiros sinais de doenças graves em indivíduos aparentemente saudáveis. Entretanto, muitos físicos acreditam que escanear pessoas sem sinal algum de doença faz mais mal do que bem. A Food and Drug Administration (Agência de Alimentos e Medicamentos dos Estados Unidos), de fato, proibiu que os fabricantes de sistemas de TC promovam seus equipamentos para pessoas que não apresentem sintomas, pois os resultados normais podem ser enganosos; e "falsos positivos" (sinais de doenças que se revelam incorretos) podem ensejar outros, e desnecessários, testes arriscados. Para os pais, os telefones celulares não são muito diferentes. Como as imagens de TC, eles podem proporcionar uma tonelada de informações capazes de provocar ansiedade ou serem de difícil interpretação.

Apesar de existirem muitas razões para monitorar o uso que uma adolescente faz da tecnologia, creio que devemos proceder com cautela ao detectarmos o que pode parecer uma informação alarmante. Por exemplo, pais que rastreiam mensagens de texto ou bate-papos de sua filha ficam surpresos ao descobrir que ela e muitas de suas amigas falam palavrões copiosamente. Essa informação pode ser recebida de diferentes formas: pais que acham que os palavrões ditos pela filha representam o topo de um *iceberg* de imoralidade, perguntam-se onde erraram em sua criação, e começam a olhar suas garotas com suspeitas, que podem acabar prejudicando o relacionamento entre eles. Mas podem se lembrar de que irreverência e transgressão de limites são, na verdade, sinais de um desenvolvimento normal e saudável dos adolescentes; e de que, quando éramos adolescentes, a maioria de nós usava linguagem picante nos vestiários, na traseira dos ônibus e nos bilhetes passados durante as aulas.

Embora seja tentador limpar nossa memória dos erros cometidos durante a nossa adolescência, provavelmente é mais exato e útil reconhecer que a maior diferença entre nossa geração e a de nossos filhos é que nossos pais não tinham como saber o que fazíamos quando não estávamos em casa, como falávamos com nossas amigas ou mesmo onde estávamos. E provavelmente dormiam melhor por não saber.

Com essa perspectiva em mente, outra possível reação para os pais que descobrem uma penca de obscenidades on-line seria separar *o que* encontrarem de *onde* encontraram. Eles podem dizer: "Nós sabemos que você e suas amigas falam palavrões quando não estão perto de adultos. Sem problemas. Mas você está quebrando a regra de 'não postar nada que você não gostaria que a vovó visse', com a qual você concordou quando ganhou seu telefone. Se você quiser dizer às suas amigas que o veto aos palavrões on-line partiu de nós, fique à vontade".

Obviamente, essa abordagem parte do princípio que os pais sejam transparentes quanto ao fato de monitorar o uso que sua filha faz da tecnologia. Não sou uma psicóloga prescritiva, geralmente, mas se você quiser verificar as atividades digitais da garota, creio que é melhor informá-la. Em primeiro lugar porque dizer à sua filha que você se reserva o direito de checar seu telefone, ou computador, cria um quebra-molas que pode fazê-la reduzir a marcha quando estiver tentada a fazer uma escolha on-line ruim. Em segundo, porque significa que você pode falar com sua filha prontamente a respeito de qualquer informação preocupante que descobrir. Em termos práticos, se uma imagem de TC revelasse uma mancha em seu fígado, você desejaria saber rapidamente se deveria ou não se preocupar com a descoberta. Se alguma coisa no perfil digital de sua filha deixar um genitor nervoso, conversar com ela será sempre a melhor forma de lidar com o próprio desconforto.

Tendo em mente o exemplo da TC, cabe perguntar se faz sentido monitorar os dispositivos tecnológicos usados por uma adolescente bem-comportada. Essa decisão é tão individual quanto a que fazemos ao estabelecermos até que ponto devemos acompanhar o noticiário. Mas a questão essencial é a mesma: nem sempre é melhor saber mais. Se eu tivesse uma solução simples para o desafio de monitorar os habitantes do ciberespaço, eu a mencionaria. Até lá, só posso dizer que décadas de atividades clínicas me convenceram de que a mais poderosa força do bem na vida de uma pessoa jovem é ter um relacionamento carinhoso e funcional com pelo menos um adulto que lhe tenha amor. Enquanto pais modernos, temos de nos assegurar de que o tempo que passamos monitorando os implementos tecnológicos de nossa filha não ameace tomar o lugar dessa conexão.

Para salvaguardar nosso relacionamento, temos que nos lembrar de que supervisionar as atividades digitais de nossa filha não pode mantê-la segura se nós não tivermos com ela uma linha de comunicação clara e direta. Quando os pais começam a depender pesadamente da vigilância digital para sentirem que têm ligação com a filha, eu sempre lhes recomendo que tentem reiniciar o relacionamento com a garota, recorrendo à ajuda de uma orientadora, se necessário. Ademais, devemos permanecer atentos à possibilidade de que o que soubermos on-line possa, sem trazer qualquer benefício, aumentar as preocupações que temos enquanto pais e contribuir para o surgimento de interações tensas e inúteis em casa.

CRIANDO UMA FOLGA NA AGENDA

Todos os dias, levo a pé minha filha mais nova para a escola de Ensino Fundamental do bairro. Assim que a deixo lá, geralmente aproveito os dez minutos de caminhada até minha casa para saber das novidades com outros pais que seguem a mesma rotina. Durante uma primavera, envolvi-me em uma série de conversas matinais com um pai que mora perto de minha casa e que também tem duas filhas. Sua menina mais velha frequenta a escola do bairro e a mais nova está em uma pré-escola a cerca de quinze minutos de carro. Meu amigo e sua esposa estão tentando decidir se devem transferir a mais nova para o jardim de infância da escola do bairro ou se é melhor deixá-la mais um ano na atual escola, antes de trazê-la para cursar o Ensino Fundamental.

Em dez minutos, avaliamos o dilema da família. Havia prós e contras em ambas as decisões, e quanto mais falávamos sobre elas mais aparente ficava que nenhuma das opções, para a menina, era claramente melhor que a outra. Finalmente perguntei: "Existe alguma alternativa que facilite a vida de sua família, que crie mais folga na agenda de vocês?".

"Ah, sim", disse meu vizinho, "seria mais fácil se ambas estudassem na mesma escola. Elas teriam as mesmas férias, seriam liberadas juntas nos dias de nevasca e não teríamos que buscar nossa pequenininha de carro."

"Se as opções escolares são equivalentes", disse eu, "mas transferir a menina para o jardim de infância do bairro torna mais fácil a vida de vocês, então acho que esta é a melhor escolha para toda a família."

Posso dizer que essa é uma lição que aprendi do modo mais difícil. Sou uma pessoa que gosta de estar muito ocupada. Infelizmente, meu volume de atividades preferido é muito próximo do volume que me sufoca. Em meus primeiros tempos de mãe, eu costumava calcular quantos projetos poderia amontoar em cada semana. Sempre dava um jeito de inserir uma aula de arte extra para uma das minhas meninas, ou chamava uma babá às pressas para poder dar uma palestra numa noite em que meu marido teria que estar ausente. Quando precisava enviar docinhos de aniversário para a escola, esses tinham que ser saudáveis, deliciosos e feitos em casa. A meu modo levemente maníaco, eu produzia dez bandejas de doces. Tudo parecia correr razoavelmente bem.

Até alguém vomitar.

Ou meu carro se recusar a pegar.

Ou a babá cancelar o compromisso.

Então, as bandejas caíam no chão e o ponteiro do meu mostrador de atividades pulava de "agitadas" para "tóxicas". Quase em pânico, eu tentava conciliar minha agenda apertada com as necessidades de uma criança doente, ou imaginar como nossa família poderia manter sua atividade febril dispondo de apenas um carro, ou encontrar uma babá no último minuto.

Eu estava há cerca de três anos nessa loucura maternal quando encontrei a pesquisa sobre aborrecimentos diários, graças ao fato de estar escrevendo um livro didático, juntamente de uma colega. Leio constantemente estudos na minha área, mas posso destacar apenas alguns que realmente me inspiraram a fazer mudanças na minha própria vida. A notícia de que o estresse provocado por pequenos aborrecimentos pode ser tão significativo – se não mais significativo – quanto o estresse provocado por calamidades, de fato, combinava com a minha experiência. Quando uma das minhas filhas ficou de cama com gripe, o problema não foi ela estar doente, foi que o calendário de todo mundo estava tão congestionado que sua doença criou uma avalanche de problemas em nossas agendas. Em retrospecto, parece uma consequência óbvia, mas tão logo aprendi a criar uma folga na minha agenda (um luxo, reconheço, que nem todas as famílias têm), a medida se mostrou um antídoto realmente eficiente para os inesperados e inevitáveis estresses da vida cotidiana. Agora, sempre que possível, tento não perguntar a mim mesma: *Posso inserir este seja-lá-o-que-for na minha semana?* Em vez disso, pergunto: *Devo?*

É claro que não podemos saber de antemão se nossos cálculos estão corretos, e constantemente recaio em meu velho hábito de superlotar a agenda. Todas as vezes que isso acontece, a vida encontra um modo de me lembrar, novamente, que o melhor é tentar programar as atividades de nossa família para 75% do que de fato podemos dar conta.

Quando não estamos operando na capacidade máxima, todos na família se sentem menos estressados e ansiosos. O crônico frenesi é substituído por uma calma relativa; assim, quando as coisas dão errado, estamos lidando com uma frustração, não com uma crise. Agora, humildemente, às vezes envio *donuts* comprados numa loja para a escola, ciente de que teria tempo para preparar algo mais saudável (não que essa fosse a preferência das crianças). Uma doença na família já não é um desastre, é apenas um lembrete para que eu redistribua meus compromissos nas vagas da agenda. Assim sendo, posso permanecer em casa assistindo filmes com a dodói do momento.

Quando as coisas estão indo bem, ter tempo disponível também abre espaço para prazeres espontâneos. Certo dia, durante uma chuvarada, minha filha mais nova achou que seria um ótimo programa vestirmos nossas roupas de chuva e irmos a pé até a escola, em vez de ir de carro, como fazemos normalmente quando o tempo está ruim. Só concordei com a sugestão dela porque tinha tempo suficiente para voltar a pé para casa e vestir a roupa de trabalho após deixá-la na escola. Nossa caminhada pelas poças d'água foi na verdade tão divertida que ainda nos lembramos dela hoje, passados três anos.

Nosso tempo com nossas crianças é curto, e todos os pais atenciosos se sentem compelidos a aproveitá-lo ao máximo. Isso pode nos levar a pensar que aproveitaremos melhor o tempo se o enchermos de atividades estruturadas, com objetivos claros como praticar esportes, aprender alguma coisa ou preparar adoráveis cupcakes. Tenho que lutar contra minha própria natureza para admitir que, muitas vezes, aproveitamos melhor o tempo apenas *dispondo dele*.

Desprogramar deliberadamente minha família – sempre contra meus próprios instintos – continua a se mostrar uma estratégia confiável para reduzir a tensão e aumentar a alegria em nossas vidas.

DINHEIRO PODE COMPRAR ESTRESSE

Assim como podemos optar por uma agenda menos carregada, de modo a absorver melhor as inevitáveis calamidades que acompanham a vida em família, novas pesquisas sugerem que as crianças, na verdade, sentem-se menos pressionadas quando seus pais preferem viver mais modestamente do que poderiam. Sabemos há muito tempo que passar a infância na pobreza provoca um implacável estresse. Porém, na última década, estudos determinaram claramente que a riqueza nem sempre pode ser tão boa para as crianças e adolescentes quanto se poderia pensar. Na verdade, a psicóloga Suniya Luthar e seus colegas fizeram um excelente trabalho ao documentarem os elevados índices de problemas emocionais entre jovens com pais bem-sucedidos.

Surpreendentemente, o trabalho da Dra. Luthar revelou que adolescentes de famílias ricas têm mais probabilidades de sofrerem de depressão, ansiedade e abuso de drogas que jovens criados em famílias de menor renda. Para explicar essas inesperadas, mas bem fundamentadas descobertas, os estudiosos observaram que crianças criadas em um contexto de abundância podem sofrer intensas pressões por resultados. Além disso, as pesquisas sugerem que a riqueza pode criar uma distância física e psicológica entre pais e filhos, porque pais que ganham muito frequentemente trabalham longas horas e podem entregar a criação dos filhos a babás, tutores e programas extracurriculares.

Recentemente, no entanto, os psicólogos Terese J. Lund e Eric Dearing abordaram as más notícias sobre a riqueza e o bem-estar dos adolescentes sob nova perspectiva. Eles questionaram se o simples fato de provir de uma família rica criava problemas para os jovens; ou se sua saúde mental era comprometida por escolhas que somente parentes endinheirados têm o poder de fazer. Para abordar essas questões, eles separaram duas variáveis que haviam sido agregadas à pesquisa anterior, a saber: quanto os pais ganhavam e onde as famílias decidiam morar.

Estudando uma amostra econômica e geograficamente diversa, Lund e Dearing descobriram que a prosperidade, por si só, não oferecia risco algum para um saudável desenvolvimento psicológico. A suntuosidade do bairro em que morava a família, entretanto, *fazia* diferença – e muita. Notavelmente, meninas criadas nos bairros afluentes eram de duas a três vezes mais propensas a relatar sintomas de ansiedade e depressão que as que moravam em áreas de classe média. Paralelamente, meninos de comunidades ricas eram de duas a três vezes mais propensos a se envolverem em problemas que seus pares que viviam em bairros de classe média.

Existe uma regra fundamental em psicologia: sob estresse, as garotas desmoronam e os garotos agem. Em outras palavras, embora meninas e meninos que vivem em bairros luxuosos tenham problemas diferentes, a natureza de seus problemas – garotas desmoronando, garotos aprontando – sugere que ambos os grupos sofrem pressões relacionadas ao lugar que seus pais haviam escolhido para morar. Quem, você pode estar especulando, eram os garotos e garotas menos estressados segundo a pesquisa? Os de famílias ricas que moravam em bairros de classe média.

Essas notáveis descobertas nos encorajam a considerar duas questões importantes. A primeira é se os pais afluentes que moram em comunidades de classe média haviam decidido criar folgas em suas agendas ao viverem abaixo de seus rendimentos. Suas casas podem ser menores e menos luxuosas do que as que eles poderiam comprar, mas eles têm dinheiro à mão para absorver despesas vultosas e inesperadas, como um telhado novo. As famílias ricas que vivem em comunidades de classe alta podem, é claro, substituir facilmente seus telhados, se for preciso. Mas existem pessoas que chegam a seus limites econômicos para morarem em bairros ricos. Se precisarem substituir o telhado, elas e seus filhos passarão pela tensão de uma crise financeira.

A outra questão a ser considerada é que os filhos cujos pais vivem abaixo de seus recursos também podem se sentir menos estressados a respeito de seu futuro. Quase todos os indivíduos projetam viver pelo menos tão confortavelmente, na vida adulta, quanto viveram na infância. Isso significa que jovens criados em meio ao luxo podem se sentir pressionados a imaginar um meio de manter seu dispendioso estilo de vida.

No meu trabalho, tenho ficado surpresa ao descobrir que adolescentes ambiciosos de famílias ricas que parecem preocupados com o futuro sucesso profissional, concentram-se apenas em algumas carreiras (como negócios ou finanças) e só desejam viver em umas poucas cidades grandes americanas. Em contrapartida, muitas vezes descubro que adolescentes oriundos da classe média são mais propensos a falar sobre uma grande variedade de profissões que poderiam exercer e lugares onde poderiam morar. Ao longo da minha carreira, tenho sido surpreendida pelo fato irônico de que adolescentes de famílias ricas parecem mais tensos e constrangidos quando pensam em seu futuro do que adolescentes oriundos de esferas mais modestas.

Examinando os fatos dessa forma, podemos ver por que garotos de famílias afluentes que vivem em bairros de classe média têm um baixo nível de estresse. Preocupam-se menos com seu futuro porque, para eles, o sucesso na vida adulta não é um objetivo estreitamente definido. Além disso, podem ter o estresse reduzido pelos benefícios da riqueza: desfrutam da atmosfera de tranquilidade decorrente da existência de um colchão financeiro; vivem com pais que não precisam trabalhar incansavelmente apenas para pagar as contas e podem se formar sem débitos com a faculdade.

Como pais, se formos afortunados o bastante para dispor de opções financeiras, não podemos ler sobre essa pesquisa sem refletir sobre as que fazemos. Nossas decisões a respeito de onde vivemos, como passamos as férias, o que dirigimos e todas as outras formas de gastar dinheiro com nossos filhos e seu entorno são, com certeza, altamente pessoais. Isso também se aplica a quanto escolhemos saber sobre as notícias do mundo e em que grau decidimos monitorar o acesso de nossos filhos às mídias sociais. Essas não são seleções que fazemos uma vez só, nós as fazemos em muitas etapas ao longo de nossas vidas.

Podemos tomar medidas para conter nossa ansiedade e a de nossas filhas, reavaliando essas decisões. É muito fácil presumir que, quando se trata de obter informações, programar atividades ou desfrutar de certos luxos, mais é sempre melhor. Surpreendentemente, a verdade é que às vezes podemos amenizar o estresse que nós e nossas filhas sentimos, decidindo saber, fazer ou gastar menos.

Como pais, devemos nos esforçar para administrar o estresse que sentimos em nossas próprias vidas, não só em nosso próprio benefício como também porque nossa tensão emocional pode criar um clima de ansiedade em nosso lar. Uma atmosfera tensa torna mais difícil, para nossas filhas, sentirem-se à vontade em seus bons dias; e torna mais difícil, para nós, constituirmos a calma presença de que elas necessitam em seus dias ruins. A seguir, trataremos de um tópico que é frequentemente uma fonte de aflição. Em algum ponto, ao longo do caminho, todas as nossas garotas sentirão dificuldades em seu relacionamento com outras meninas de sua idade.

CAPÍTULO TRÊS

GAROTAS COM GAROTAS

Na maioria das vezes, a amizade entre garotas torna suas vidas melhores, não piores. Desde a mais tenra infância, nossas filhas se divertem com as amigas quando tudo está bem e procuram sua companhia e apoio quando as coisas ficam difíceis. Durante a maior parte do tempo, a vida social de nossas filhas as ajuda a reduzir o estresse e a ansiedade. Este capítulo será focado no restante do tempo. Em algum ponto ao longo do caminho, quase com certeza, as interações com uma ou mais de suas amigas deixará sua filha angustiada.

Vamos iniciar nos reportando a algumas das conhecidíssimas tensões que surgem nos relacionamentos entre as meninas. A partir daí, analisaremos o impacto revolucionário das mídias sociais nesses relacionamentos e o que os pais podem fazer para assegurar que as atividades on-line de sua filha não a deixem constantemente nervosa. Por fim, falaremos sobre o esgotante e traiçoeiro mundo da competição entre garotas.

A ANSIOSA É A NOVA TÍMIDA

Em um dia nublado de abril, um casal na casa dos trinta anos visitou meu consultório para conversar sobre o iminente ingresso de sua filha no quinto ano do Ensino Fundamental. Quando marcamos a reunião ao telefone, Toni me explicou que sua filha, Alina, sempre se sentiu pouco à vontade no convívio social. Embora ela tivesse duas amigas fiéis na aconchegante escola em que cursava o Fundamental, seus pais já estavam preocupados com a situação dela no outono que viria. Em nossa cidade, Shaker Heights, os alunos de todas as escolas do Ensino Fundamental são incorporados à Woodbury School, um grande prédio que abriga o quinto e sexto ano no distrito. Com dez turmas de quinto ano, não era possível garantir que Alina fosse agrupada junto com pelo menos uma das amigas.

Em nosso primeiro encontro, Adam e Toni sentaram-se juntos em meu divã e, revezando-se, descreveram para mim sua filha de nove anos.

"Alina foi um desses bebês com dificuldades em se sentir à vontade", explicou Toni ternamente. "Ela era exigente e tensa, nós só percebemos isso quando seu irmão, um garoto muito tranquilo, nasceu, dois anos depois."

"A ansiedade social dela começou bem cedo", acrescentou Adam assertivamente. "Quando era bebê, ela chorava ante a aproximação de estranhos; e mesmo já menininha, ela se escondia por trás das minhas pernas quando meus parentes vinham nos visitar. O irmão dela é o contrário, quanto mais gente, melhor." Em tom divertido, Adam comentou: "Ele adora festas de aniversário, e chamaria os amigos para brincar em casa todos os fins de semana, se nós deixássemos."

Toni continuou: "Quando nós tentamos fazer com que ela seja mais sociável, ela só fica mais tensa. Agora não sabemos o que fazer, pois ela não gosta de brincar com ninguém."

"Quando nós conversamos ao telefone", eu disse a Toni, "você mencionou que Alina tem duas boas amigas. Como é o relacionamento entre elas?"

"Sim, ela tem Zoe e Erin na escola, e elas se dão muito bem. Alina as conhece desde a classe de alfabetização, mas quando lhe perguntamos se ela quer que elas venham no fim de semana, ela sempre diz não."

Visivelmente preocupado, Adam acrescentou: "Nós tentamos diminuir a ansiedade dela, mas parece que não adiantou. Na verdade, parece que a coisa está piorando".

Curiosa, perguntei: "O que vocês tentaram fazer?".

Abanando a cabeça de um modo que expressava tanto preocupação quanto desespero, ele disse: "Nós procuramos aumentar a autoconfiança dela, e falamos com ela sobre ser corajosa. Mas parece que não adianta".

Toni acrescentou: "Eu sei como é ficar nervosa perto de pessoas desconhecidas. Eu fico assim também, às vezes. Mas nós estamos com medo de que a ansiedade social dela esteja piorando. Do jeito que a coisa está, nós não conseguimos nem imaginar como vai ser o Ensino Médio para ela. Temos esperança de que você possa ajudá-la a controlar os nervos".

"Creio que nós podemos movimentar as coisas na direção certa", respondi. "Mas, primeiro, acho que podemos começar a considerar o problema de forma um pouco diferente. Em vez de dizer que ela tem fobia social, pois não estou convencida de que seja o caso, vamos iniciar com a hipótese de que ela, simplesmente, tenha nascido tímida."

Qualquer genitor com mais de um filho sabe que os bebês nascem com personalidades diferentes. Alguns são dóceis, outros são rabugentos, alguns são alegres, outros, extremamente ativos e se mexem o tempo todo. Pesquisas consolidadas nos revelam que os recém-nascidos nascem pré-programados com determinadas disposições e que a maioria deles pode ser incluída em uma de três categorias: crianças fáceis, que são geralmente alegres e se adaptam rapidamente a novidades; crianças difíceis, que têm rotinas irregulares, não gostam de mudanças e podem ser muito mal-humoradas e crianças de adaptação lenta, que são reservadas e necessitam de um longo tempo para se adaptar a novas experiências. E o que é mais importante saber sobre essas categorias: todas são normais, e crianças das três categorias amadurecem e se transformam em adultos bem ajustados.

"Dez anos atrás", afirmei, "nós provavelmente não usaríamos o termo 'fobia' para caracterizar o que vocês estão vendo em Alina. Diríamos que ela é 'lenta para se adaptar', que é um dos modos que usamos para descrever crianças totalmente normais, mas cautelosas."

Em seguida, falei a eles sobre a memorável pesquisa conduzida com crianças de até quatro meses de idade, que demonstrou que alguns bebês têm uma forte reação negativa a pessoas e situações não familiares, enquanto outros bebês adoram qualquer coisa nova. Notadamente, podemos até predizer quais crianças serão tímidas, com base em padrões de ondas cerebrais medidas durante a infância.

Em bebês que se transformam em menininhas ou menininhos cautelosos, o lobo frontal direito – associado a respostas emocionais negativas – se ilumina diante de uma exibição de bolas de pingue-pongue coloridas em movimento; bebês que se transformam em menininhas ou menininhos cautelosos exibem um padrão neurológico oposto.

"Com base no que você está me contando", disse eu, "Alina provavelmente foi programada, desde seu primeiro dia, a hesitar diante de novas situações." Toni e Adam assentiram, indicando que isso combinava com o que sabiam a respeito da filha. "A ótima notícia é que ela, claramente, sabe como fazer, curtir e manter amizades."

"Sim." Toni sorriu. "Ela realmente adora Zoe e Erin – e elas também a adoram."

"Estamos no jogo", disse Adam entusiasmado. "O que faremos então?"

"A começar de hoje, vocês podem ajudar Alina a observar e aceitar suas reações a novas situações. Se notarem que ela fica tensa quando vocês sugerem que vá à festa de aniversário de uma amiga, tentem dizer: 'Estou vendo que você está preocupada com a festa, e essa é sua primeira reação'. Ainda em um tom tranquilo e solidário, prossigam: 'Daqui a pouco vamos ver se você tem uma segunda reação. Vamos deixar esse convite sem resposta por um tempinho e depois descobriremos qual será sua segunda reação'. Vocês não devem ajudá-la a evitar situações que a deixam pouco à vontade – fazer isso tornará muito mais difícil para ela aceitar coisas novas – mas, sempre que possível, vocês devem deixá-la enfrentar novas situações nos próprios termos".

Já passei mais tempo do que gosto de admitir tentando ajudar pessoas a evitarem primeiras reações indesejáveis. Em retrospecto, considero esses esforços uma total perda de tempo. Indivíduos que se sentem pouco à vontade com mudanças tendem a ter uma primeira reação que corresponde a um automático instinto de fuga. Esse instinto entra em ação muito depressa e não pode ser contido. Quando pensamos em primeiras reações dessa forma, ficamos com duas opões: lutar contra o reflexo ou aceitar e permitir o reflexo de fuga para ver o que acontece depois.

Agora acredito que contrariar a reação inata de uma pessoa pode ser mais do que apenas inútil. Pode, na verdade, ser prejudicial. Essa é uma lição que aprendi enquanto cuidava de uma adolescente chamada Tya, que convencera a si mesma de que ficaria "curada" de sua fobia somente quando seu peito não mais se apertasse em resposta a situações incômodas ou difíceis. Sempre que sentia a conhecida – e provavelmente programada – sensação de aperto no peito, ela a interpretava como um sinal de que sua fobia continuava fora de controle. Infelizmente, para Tya, ela sentia o aperto no peito, com frequência de forma passageira, várias vezes ao dia. Tendo estabelecido uma meta impossível, ela passou muito tempo sentindo-se tanto desamparada quanto desesperançada com respeito ao que via como um fracasso em controlar seus nervos.

Quando semanas de esforços para ajudar Tya a manter um constante estado de calma se mostraram claramente inúteis, optei por uma abordagem diferente. Certo dia, eu disse: "E se nós simplesmente aceitarmos o fato de que a sensação no seu peito pode não desaparecer? E se, em vez de nos preocuparmos demais com ela, nós simplesmente a aceitarmos como um sinal de alerta normal de que alguma coisa inesperada está acontecendo?".

Tya se mostrou receptiva à ideia e disposta a descobrir mais sobre o que o aperto em seu peito de fato sinalizava. Curiosamente, logo descobrimos que a sensação tanto acontecia em resposta a uma ameaça externa – como uma prova surpresa na escola, quanto como um alerta de alguma experiência interna desagradável, como sentir-se irritada ou frustrada com alguém.

Quando Tya e eu aprendemos a adotar uma postura impassível, embora curiosa, diante de sua primeira reação, essa cessou de dar vazão a uma multiplicidade de perturbações. Seu desconforto físico passou a simplesmente nos informar de que alguma coisa ao redor ou dentro dela havia disparado um sinal interno de alerta. Nosso passo seguinte foi descobrir mais sobre o que o acionara. Quando descobríamos o que a estava incomodando, ela refletia se seria possível uma segunda reação. Durante o tempo em que trabalhamos juntas, a sensação de ansiedade no peito de Tya jamais desapareceu. Mas ela tornou-se mais capaz de lidar com o que lhe deslanchava a ansiedade quando sua primeira reação, automática, deixou de amedrontá-la.

Desejando discutir essa perspectiva com Toni e Adam, acrescentei: "A longo prazo, creio que é uma boa opção vocês ajudarem Alina a *apreciar* seu estilo hesitante. Não há razão para que ela se sinta mal, nem para que vocês se preocupem com a possibilidade de ela estar indevidamente ansiosa. Embora nossa cultura gratifique extrovertidos, que mergulham de cabeça em novas situações, há muito a ser dito em favor dos que observam e esperam para decidir como deverão avançar."

"Quando vocês conversarem com Alina sobre a transição para a quinto ano, acho que pode ser reconfortante destacar que ela – ao contrário do irmão – não corre ao encontro de novas situações. Ela gosta de ter tempo para avaliar as coisas antes de se envolver. Digam a Alina que não há nada de errado na atitude dela e que vocês estão dispostos a apoiá-la enquanto ela se acostuma com a ideia de estudar na Woodbury no ano que vem."

Toni perguntou: "Há alguma possibilidade de que ela fique ainda mais retraída se dissermos a ela que não há nada de errado em relutar?".

"Na verdade, é o contrário", expliquei. "Se vocês a pressionarem, é provável que ela relute mais ainda. Se vocês lhe disserem que ela pode dar tempo ao tempo antes de ir em frente, isso provavelmente a ajudará a relaxar. Vocês também podem informá-la que, com o tempo, sua primeira reação, visceral e cautelosa, vai desaparecer, dando lugar a uma segunda reação. Essa segunda reação poderá ser um sentimento de curiosidade, uma vontade de querer se engajar, de não querer se omitir."

"Parece a forma correta de agir", concordou Adam. "Mas como poderemos saber, com certeza, que ela não tem um problema de ansiedade? No fim das contas, queremos que ela faça um monte de amigos."

"Por enquanto", respondi, "tudo o que vocês estão descrevendo a respeito de Alina está dentro dos parâmetros normais. Sei que há muita preocupação sobre ansiedade hoje em dia, mas não podemos nos arriscar a criar uma profecia autorrealizável. Se tratarmos Alina como se ela estivesse derrotada, *isso* poderá deixá-la ansiosa. Provavelmente ela nunca será festeira, como seu filho, mas quase com certeza aprenderá a ficar mais à vontade em novas situações."

Encerrei nossa primeira reunião garantindo a Toni e a Adam que décadas de estudos nos dizem que a personalidade das crianças, de fato, torna-se mais flexível com o tempo. E nessas pesquisas identificamos o principal fator que ajuda as crianças a se adaptarem e evoluir: pais que trabalhem a favor, não contra, suas características inatas.

NÚMEROS TRAZEM PROBLEMAS

Mordi minha língua quando Adam, de modo extremamente amoroso e bem-intencionado, expressou seus sinceros desejos de que Alina tivesse "um monte de amigos". Embora eu saiba que isso é o que muitos pais desejam para as filhas, a experiência me ensinou – e as pesquisas confirmam – que as meninas mais felizes são as que têm uma ou duas grandes amigas. Ter uma dupla de amigas confiável reduz o estresse ao introduzir previsibilidade na vida social das garotas. Meninas com melhores amigas de verdade, ou um pequeno grupo de amigas, sabem com quem estarão nos fins de semana e a quem recorrerão em busca de apoio quando a vida lhes pregar peças.

Se sua filha circula em um pequeno, porém satisfeito, casulo social, não gaste energia insistindo para que ela se torne um arroz de festa. De fato, empenhe todos os esforços para informá-la de que ela está indo bem. Garotas que frequentam pequenos círculos podem às vezes ficar preocupadas, achando que não são legais nem queridas; podem invejar as colegas de turma que fazem parte de grupos maiores e lamentar não serem "populares". A popularidade, de fato, pode soar como algo bom, sobretudo no Ensino Médio, quando as meninas desejam sentir-se incluídas e passam um bocado de tempo preocupadas em saber *se* e *onde* se encaixam.

Mas há uma questão: números trazem problemas. Problemas de relacionamento sempre acompanham grupos de quatro, cinco ou mais garotas. Isso não significa que as garotas sejam arrogantes, malévolas ou exclusivistas (embora, às vezes, possam agir como se fossem). O fato é que não se pode juntar um grupo de cinco ou mais seres humanos, *de qualquer idade*, em que um goste do outro de forma igual. Mas os adolescentes, com seus titubeantes talentos sociais, tentam isso.

Garotas que pertencem a grandes grupos de amigas sofrem todos os tipos de fatores de estresse. Enquanto os pequenos grupos são em geral constituídos por meninas que escolheram umas às outras cuidadosamente, concessões são sempre necessárias quando elas se juntam em grande número. E tais concessões geralmente criam muito estresse social. Talvez duas ou três meninas em um grupo gostem mesmo de estarem juntas – e nem sempre desejam incluir toda a patota em seus planos. Quando decidem fazê-lo, não se sentem felizes. Quando não o fazem, têm que lidar com as consequências de terem deixado algumas de fora. Por vezes, duas garotas da turma não se bicam. Isso acontece o tempo todo, e significa que as outras meninas do grupo são invariavelmente pressionadas a atuar como mediadoras ou confidentes, ou a escolher um dos lados no conflito.

Para tornar as coisas tanto melhores quanto piores, as pesquisas demonstram, de forma consistente, que as garotas se preocupam mais quando se trata de pensar sobre os sentimentos de outras pessoas. Estudos revelam que as meninas são mais empáticas que os meninos, uma diferença que é explicada pelo modo como socializamos nossos filhos, não por algum fator biológico. As garotas, mais do que os garotos, recebem uma constante dieta de encorajamentos no sentido de "pensar sobre como a outra pessoa se sentiria", o que significa que, se a amiga de sua filha estiver sofrendo, sua filha também sofrerá em algum grau.

Tudo isso é para explicar que, mesmo nas melhores condições, um surpreendente grau de estresse e ansiedade aguarda as interações sociais corriqueiras de nossas garotas. Meninas que integram pequenos grupos sociais às vezes temem acabarem sozinhas se tiverem divergências com suas poucas amigas. Garotas em grupos maiores, por sua vez, surfam de um problema a outro. Assim, mesmo quando sua filha estiver em um bom dia, poderá ser afetada pelo mau dia de uma amiga.

Independentemente do tamanho do grupo social a que sua filha pertença, você pode ajudá-la a administrar os inevitáveis altos e baixos inerentes aos relacionamentos sociais. Meninas que são boas em lidar com fricções sociais passam mais tempo curtindo as amigas e menos tempo remoendo o último problema. Como sabemos, nossas filhas olham para nós em busca de dicas sobre até que ponto devem se preocupar quando as coisas vão mal; assim, de modo a sermos realmente úteis, precisamos reconhecer que o fato de terem dificuldades em se relacionar é normal para as garotas. Se ficarmos alarmadas com a simples presença de discordâncias nas interações sociais, nossas filhas também se sentirão alarmadas, quando as reconhecemos como algo normal na vida, podemos adotar uma posição pragmática no sentido de ajudar nossas filhas superá-las efetivamente.

CONFLITO SAUDÁVEL 101

As garotas, enquanto grupo, são ruins em lidar com conflitos porque as pessoas, enquanto grupo, são ruins em lidar com conflitos. E não podemos ensinar às nossas garotas o que nós mesmos não sabemos. Embora no passado eu tenha declarado minha certeza de que jamais encontraremos uma cura para a sétima série,[1] e tenha às vezes me sentido pessimista no sentido de ajudar meninas (e pessoas adultas) a se tornarem mais capazes de administrar conflitos com eficiência, ultimamente mudei meu refrão.

Ainda que conflitos sejam inevitáveis, lidar com eles de forma inadequada não é. Uma vez aceita a hipótese de que colocar mais de uma pessoa no mesmo aposento garante que, a certa altura, haverá atritos, podemos voltar nossas energias para o entendimento dos detalhes das discordâncias interpessoais. Algumas abordagens são melhores que outras, mas esse assunto complexo e

---

[1] Em seu livro anterior, *Untangled* ("Desenredada"), a autora classificou o sétimo ano – quando as meninas estão com doze ou treze anos, tanto aqui, quanto nos EUA – como o período em que elas se despedem da infância. (N.T.)

nebuloso se torna bem mais simples se reconhecermos que há três formas perniciosas de conflitos e apenas uma saudável.

As três formas de conflitos perniciosos instantaneamente reconhecíveis são: agir como um trator, agir como um capacho e agir como um capacho com espinhos. Um trator lida com as discórdias atropelando as pessoas, enquanto os capachos se deixam atropelar. O capacho com espinhos emprega táticas passivo-agressivas, como usar um sentimento de culpa como arma, fazer-se de vítima ou envolver terceiros no que deveria ser uma desavença entre duas pessoas. Garotas frequentemente elaboram técnicas de capachos com espinhos, pois nem sempre ajudamos nossas filhas a reconhecer, aceitar e expressar diretamente seus sentimentos de raiva. Dito isso, não é surpresa alguma que seus impulsos mais sombrios sejam expressados de modo indireto.

Quanto ao conflito saudável, a melhor metáfora é um pilar. Um pilar se sustenta por si mesmo, sem ter que pisar em ninguém. Mas quando surge um conflito, ser um pilar é bem difícil; para a maioria de nós, com certeza, não é a primeira reação. Felizmente, se pudermos reconhecer e observar nossa primeira reação – ser um trator, um capacho ou um capacho com espinhos –, refreando o impulso de agir em conformidade, podemos refletir sobre a possibilidade de adotarmos uma segunda reação: se como um pilar

Certa manhã de segunda-feira, na Laurel School, uma menina do oitavo ano chamada Liz se emparelhou comigo no corredor para me perguntar se eu teria tempo para recebê-la naquele mesmo dia, mais tarde. Descobrimos então que ela teria um intervalo para estudos exatamente quando eu teria uma hora livre. Assim, decidimos nos reunir em minha sala no início daquela tarde.

"O que houve?", perguntei, enquanto Liz se acomodava numa cadeira à minha frente. Embora a Laurel tenha um uniforme, todas as meninas encontram um meio de lhe imprimir uma marca pessoal. Naquele dia, Liz usava um blusão de moletom, meias esportivas e tênis de corrida – indumentária comum entre as alunas que são também atletas.

Pegando um dos brinquedos antiestresse que mantenho na minha sala Harry Potter, Liz disse: "Estou querendo um conselho seu sobre uma coisa estranha que aconteceu com uma das meninas que joga no time de vôlei do meu clube".

"Claro", disse eu.

"Eu a conheço desde sempre e nós somos amigas – não grandes amigas, mas boas amigas. Ela não estuda na Laurel, mas conhece um monte de meninas aqui e às vezes a gente anda com as mesmas pessoas nos fins de semana."

Ela prosseguiu: "Eu fui à festa de aniversário dela no ano passado, e há algumas semanas, no vôlei, ela se aproximou de mim para me dizer que sua mãe lhe dissera que não poderia dar uma festa este ano porque a família tinha muitas outras coisas em andamento. Tudo bem, nem pensei mais no assunto até a noite de sábado, quando ela postou todas aquelas fotos do que, claramente, era sua festa de aniversário". Parecendo, de fato, aborrecida, Liz acrescentou: "Ela não era obrigada a me convidar... Entendo isso... Só não vejo por que se deu ao trabalho de me dizer que não iria dar uma festa".

"Certo", disse eu. "Entendo por que você está magoada."

"Então não sei bem o que fazer, pois vou me encontrar com ela hoje no treino... É muito desagradável."

Eu me solidarizei com o desconforto de Liz e lhe disse que lamentava muito o que tinha acontecido. Em vista de sua complicada situação, expliquei-lhe passo a passo as formas – três ruins, uma boa – com as quais as pessoas geralmente lidam com conflitos.

"Obviamente", disse eu finalmente, "você e eu vamos tentar imaginar uma resposta do tipo pilar, mas às vezes é útil remover da mente algumas das outras opções." Descontraidamente, perguntei: "Se você fosse passar por cima dela como um trator, como seria isso?".

"Eu realmente pensei no assunto. Uma parte de mim está com vontade de simplesmente dizer alguma coisa horrível na cara dela durante o treino."

"Com certeza. Você está magoada e furiosa, tem sentido querer fazer com que ela sinta o mesmo. E se você decidisse bancar o capacho, como seria isso?"

Entrando no humor brincalhão, Liz respondeu: "Acho que ficaria por aí, triste com o que aconteceu, chorando até dormir ou coisa parecida".

"Certo. E como você reagiria como um capacho com espinhos?", perguntei, gostando da mudança.

"Há tantas maneiras", disse ela, agora totalmente no jogo. "Nem sei por onde começar!"

"Tente."

"Bem, acho que poderia falar mal dela para minhas amigas do time de vôlei ou aqui da Laurel; ou poderia convidar uma turma de garotas para uma festa lá em casa e depois postar fotos de todas nós nos divertindo à beça. Depois as enviaria a ela. Ou *subtuitaria* a respeito dela."

"O que é isso?"

"É falar mal de alguém no Twitter sem usar o nome da pessoa, mas todo mundo sabe de quem você está falando. Eu poderia tuitar alguma coisa como: 'Não é uma droga perceber que uma pessoa que você considerava uma amiga sincera na verdade não é?'".

"Ai!" Após fazer uma pausa, acrescentei: "É preciso admitir, as mídias sociais podem ser uma *usina* de capachos com espinhos".

Liz assentiu, expressando sua total concordância e disse: "Ah, sim", lenta e significativamente.

"Provavelmente não existe maneira mais fácil de envolver um monte de pessoas num conflito. E também há milhões de formas de perseguir alguém indiretamente."

"Com certeza", concordou Liz, inclinando-se para a frente.

"Tudo bem, agora que tiramos do caminho nossos impulsos desagradáveis, como você poderia ser um pilar nessa situação? Como poderia defender seu ponto de vista sem ser desrespeitosa com ela?"

"Suponho que eu poderia falar com ela durante o treino e dizer alguma coisa como 'Vi que você deu uma festa'." Em tom neutro, ela continuou: "'Tudo bem, mas você não precisava me dizer que não ia dar uma festa'."

"Isso está muito bom! E se você quisesse dizer ainda menos? Ser um pilar às vezes envolve iniciar uma conversa, não tentar encerrar uma."

"Acho que eu poderia dizer: 'Vi as fotos da sua festa, e meus sentimentos ficaram meio machucados'."

"Sim... Acho que algo assim pode ser um bom início. Porque... E se alguma coisa inesperada aconteceu? Talvez a mãe dela tenha decidido dar uma festa surpresa e não sabia ao certo quem deveria convidar. Dizer como você se sente pode dar a ela uma chance de se desculpar, caso ela lhe deva uma desculpa."

"É verdade", disse Liz sensatamente. "Na verdade, eu não conheço a história toda."

"Fazer uma pergunta também pode ser uma boa maneira de ser um pilar. Talvez você pudesse dizer alguma coisa como: 'Vi que você acabou dando uma festa. Será que eu fiz alguma coisa que tenha dificultado nosso relacionamento?'."

"Sim, acho que eu poderia fazer isso. Boa ideia."

Já era hora de encerrar a reunião. Antes de Liz sair, fiz questão de lhe dizer que não esperava que ela conseguisse, a partir daquele momento, responder como um pilar rápida e facilmente sempre que se sentisse magoada ou angustiada. E até contei a ela que, quando estou com raiva, meu primeiro impulso é ser um capacho com espinhos. Estou resignada com essa desagradável verdade sobre mim mesma e por vezes sonho acordada com coisas passivo-agressivas que gostaria de fazer quando estou furiosa. Mas em minhas ações, eu realmente tento ser um pilar.

Considerando que os mundos interpessoais das garotas contêm estresses inevitáveis, precisamos fazer nossa parte para atenuar algumas das tensões sociais que nossas filhas sentem. Podemos começar aceitando o fato de que discórdias fazem parte do contato humano e ajudando nossas meninas a entender que elas, inevitavelmente, terão conflitos com outras meninas da mesma idade. Além disso, devemos reconhecer que, sendo humanas, nossas filhas (e as filhas de outras pessoas) às vezes se sentirão compelidas a agir como tratores, capachos ou capachos com espinhos. Então, quando os conflitos ocorrerem, poderemos manter conversas realistas com nossas garotas sobre as melhores e piores formas de lidar com eles.

Caso nossas meninas nos falem sobre conflitos que estejam ocorrendo on-line, como frequentemente acontece, devemos dizer a elas que é basicamente impossível ser um pilar on-line, pois as comunicações do tipo pilar se baseiam decisivamente em entonações. De fato, quando pensamos no assunto, a frase "podemos conversar sobre por que eu não fui convidada para a sua festa?" pode parecer agressiva (trator), chorosa (capacho), zombeteira (capacho com espinhos) ou respeitosa (pilar), dependendo da entonação em que seja proferida. Todos os emojis do mundo não conseguiriam comunicar as sutilezas da voz humana. Quando chegar a hora de sua filha agir como um pilar, ajude-a a perceber que isso, quase com certeza, exigirá uma interação face a face.

À medida que ajudamos nossas filhas a administrar conflitos com suas colegas, podemos lhes dizer que ninguém consegue fazer a coisa certa na primeira vez e ninguém consegue fazer a coisa certa todos os dias. Porém, com a prática, elas poderão aprender a lidar com as discórdias interpessoais de modo satisfatório e a usar estratégias que deverão acalmar, em vez de acirrar, suas desavenças.

LIBERDADE PARA ESCOLHER AS BATALHAS

Uma semana depois, Liz retornou à minha sala. Fiquei surpresa quando a vi de novo, considerando o quão rápida e completamente ela aceitara meu conselho a respeito de como administrar um conflito de modo saudável.

"Então... o que aconteceu?"

"Sinceramente", disse ela, "não foi legal. Quando vi a garota no treino, percebi que alguma coisa estava errada. Ela me evitou durante os aquecimentos e evitou me olhar durante os exercícios."

"O que você acha que houve?"

"Acho que ela estava se sentindo mal por ter me deixado fora da festa, mas não queria pedir desculpas."

"Você falou alguma coisa com ela sobre o assunto?"

"Não, simplesmente não parecia certo. Mas agora eu sinto que agi como um completo capacho a respeito da coisa toda, e isso não parece certo."

Entendi o ponto de vista de Liz e entendi como ela acabara assim, em vista de nossa conversa. Mas tive uma ideia.

"Sabe", disse eu, "você tem outra opção para lidar com esse problema." O rosto de Liz assumiu uma expressão simultaneamente curiosa e cética. "Você pode tentar um aikido emocional."

A expressão passou a ser totalmente cética.

"Sei que os adultos encorajam as meninas a se defenderem – e é importante saber fazer isso. Também sei que nossa conversa da semana passada lhe deu a impressão de que não responder à sua companheira de equipe faz de você um capacho." Liz ergueu as sobrancelhas e assentiu. "Mas há também a opção da esquiva estratégica."

Liz não disse nada, mas me olhou com ar de expectativa. Entendi isso como uma permissão para continuar.

"Eis o que eu quero dizer. Em algumas formas de combate, como o boxe ou a luta livre, os indivíduos lutam dando socos ou empurrando o adversário. Em outras formas de disputa, como o aikido, se alguém investe contra você, a primeira coisa que você faz é sair do caminho. Isso põe você a salvo e pode desequilibrar seu oponente."

Liz ainda estava escutando, mas, convém reconhecer, sem fazer nada para disfarçar o fato de que estava achando a metáfora ridícula.

"Espere um pouco", disse eu. "Isso pode parecer estranho, mas eis como eu quero que você pense no assunto: decidir que não vale a pena perder seu tempo para se envolver em algum conflito bobo, na verdade, deixa você em posição vantajosa.

O ceticismo de Liz diminuiu um pouquinho.

A partir daí, conversamos sobre o fato de que apenas ela poderia determinar o quanto se importava por não ter sido convidada para a festa e quanta energia estaria disposta a gastar tentando melhorar um relacionamento com uma companheira de equipe que, para começar, nunca fora sua amiga íntima. Eu disse a Liz que ela, com certeza, teria meu apoio caso resolvesse não tomar atitude alguma declarada a respeito do assunto.

Liz pareceu aliviada com a ideia de não ter de confrontar a companheira de time. Avançando mais, concordamos que ela seria cautelosa, mas educada, nos treinos; e que resistiria à tentação de se transformar em um capacho com espinhos, falando mal da colega para outras pessoas. Convidei-a então para retornar à minha sala se continuasse a ter problemas com a garota. Àquela altura, ela já poderia decidir que atitude tomaria, caso quisesse tomar alguma. Enquanto isso, poderia conservar suas energias optando por se esquivar do que parecia ser um confronto inútil. Embora tenha concordado com o plano, Liz ainda parecia desconfiada.

"Você tem certeza de que eu não estou deixando que ela me desmoralize?"

"Você estaria deixando que ela desmoralizasse você se estivesse chorando pelos cantos por não ter sido convidada para a festa, ou se a estivesse bajulando para ser incluída na próxima."

Liz concordou.

"Aqui", acrescentei, "você está fazendo uma escolha deliberada acerca de quanta atenção a situação merece. Você não está ignorando nem perdoando o modo como ela agiu – essa informação está guardada com você –, mas você decidiu, por enquanto, não deixar que essa garota tome mais seu tempo. Só porque ela lhe jogou um problema, isso não significa que você tenha que segurá-lo."

No passado, eu tinha a tendência de encorajar as garotas com quem trabalhei a se defender quando menosprezadas e a reagir contra qualquer tipo de maus-tratos. Essa orientação se enquadra em meu compromisso consciente de ajudar as filhas de outras pessoas, e as minhas próprias, a se transformarem em jovens mulheres que não aturam desaforos. No entanto, acabei percebendo que os conselhos que damos às meninas não correspondem ao modo como mulheres adultas costumam lidar com conflitos pessoais. Agora escolhemos nossas batalhas. Decidimos quando e contra quem um confronto vale a pena. Assim, frequentemente, relevamos disputas sem sentido com acenos de cabeça e sorrisos fingidos, pois temos coisas melhores em que empregar nosso tempo.

Na verdade, uma confrontação, mesmo quando bem executada, é psicologicamente onerosa. Também é verdade que alguns problemas de relacionamento se asfixiam por falta do oxigênio da atenção. Ocasiões haverá, claro, em que fará sentido para nossas filhas enfrentarem alguém. Mas são as ocasiões nas quais nossas filhas agem como pilares, defendendo efetivamente os próprios direitos enquanto respeitam os direitos alheios, que oferecem as melhores chances possíveis de resolver um conflito com sucesso. Nossas filhas precisam saber que lutar abertamente pode ser uma opção, mas podemos aumentar inadvertidamente o estresse das meninas se sugerirmos que elas precisam lutar contra cada injustiça ou afronta. Cessar fogo não é a mesma coisa que render-se. Os adultos sabem que a ponderação pode ser a melhor parte do valor, e temos que transmitir isso a nossas filhas também.

ESTRESSE CONTÍNUO ENTRE COLEGAS

Graças à tecnologia digital, nossas filhas conduzem hoje sua vida social em múltiplos níveis e, como sabemos, entram em conflitos, tanto pessoalmente quanto no ciberespaço. Mas mesmo quando as garotas se relacionam bem on-line, podem acabar descobrindo que suas atividades nas mídias sociais cobram um tributo emocional.

Crescer na era digital, quase certamente, desempenha um papel nos crescentes níveis de estresse e ansiedade que vemos nas adolescentes de hoje. Ao passo que os dados disponíveis não corroboram as exageradas alegações de que os smartphones estão transformando nossas crianças em zumbis psicologicamente atrofiados, essas tecnologias onipresentes, sem sombra de dúvida, transformaram o modo como vivemos. Nem todas as mudanças são para melhor, e os adultos ainda estão assimilando o que significa criar filhos em um mundo totalmente conectado.

Quanto mais entendermos como o ambiente digital modela a vida social de nossas filhas, mais bem equipados estaremos para ajudá-las a amenizar algumas das tensões inerentes ao hábito de estarem plugadas. Os estudiosos do assunto ressaltam que os adolescentes não estão fascinados pela tecnologia, mas pelos amigos na outra ponta da tecnologia, que por acaso estejam a usando. Na verdade, os adolescentes sempre foram obcecados pelos amigos. Décadas atrás, queríamos nos comunicar com nossos amigos tão desesperadamente quanto nossos filhos querem se conectar com os deles.

A essa altura, você pode estar pensando: *Tudo bem, ótimo. Mas não como os adolescentes de hoje. Com seus fones colados às mãos e seu medo mortal de perder até a mais frívola comunicação de um amigo? Nunca fomos tão viciados uns nos outros assim.*

Na verdade, fomos. Basta recordar como usávamos as tecnologias da comunicação de nossa época. Eu, por exemplo, posso facilmente convocar a lembrança daquela sensação quente, úmida e até levemente dolorosa que permanecia em nossas orelhas após passarmos horas com o telefone da família pressionado no rosto. E me lembro de muitas noites em que, a certa altura, minha orelha ficava tão dolorida que, por fim, tinha que interromper minha amiga no outro lado da linha para dizer: "Espere um pouco... tenho que mudar o lado do telefone". Ao que ela respondia: "É. Eu também".

E vocês se lembram de quando surgiram as chamadas em espera? Isso mudou tudo. Antes das chamadas em espera, chegava uma hora, todas as noites, em que minha mãe me interrompia no meio do telefonema para dizer: "Você tem que sair do telefone. Alguém pode estar tentando ligar para nós". Eu demoraria um pouco antes de desligar e – agora totalmente desconectada de minhas amigas – me resignaria, de mau humor, a fazer meu dever de casa. Com o advento da chamada em espera, eu me autonomeei recepcionista da família e passei a comandar o telefone durante toda a noite, sob a promessa de que o entregaria se (e apenas se) meus pais recebessem ou quisessem fazer uma chamada.

Realmente não éramos diferentes de nossos filhos. Apenas tínhamos uma tecnologia capenga.

Ao reconhecermos que não há nada de novo nem de estranho na intensa vontade, demonstrada por nossos filhos, de estarem conectados entre si o tempo todo, podemos nos lembrar de outra coisa: estar conectado aos amigos pode ser muito estressante. Por mais que eu adorasse falar ao telefone com minhas amigas, havia sempre muitos conflitos em andamento.

Mesmo com nossa limitada tecnologia, sempre descobríamos meios de simultaneamente vivenciar e seguir os últimos episódios das novelas de nossa adolescência. Sempre nos reuníamos para ouvir as conversas umas das outras e mantínhamos um frenesi de conexões – terminando uma conversa, iniciando outra, ligando de volta para a primeira (segunda... terceira...) pessoa ou usando a chamada em espera para manter duas conversas ao mesmo tempo. Quando minha mãe por fim me expulsava do telefone, à noite (mesmo, sensatamente, *depois* de já contarmos com a chamada em espera), tenho certeza de que meu ressentimento aparente era temperado com um pouco de alívio.

Os relacionamentos entre garotas sempre foram intensos. A capacidade de conexão sem precedentes de hoje apenas torna as interações mais complexas, desgastantes e diretas do que antes. Se nos velhos tempos dispúnhamos de intervalos, muito necessários, nas interações com nossos amigos, era simplesmente porque não tínhamos escolha. Hoje, precisamos ajudar nossas filhas a pressionarem o botão de pausa em suas vidas sociais, para que possam, conscientemente, diversificar suas atividades e obter também alguns intervalos muito necessários.

Conseguir tudo isso pode ser simples, mas você não pode medir o sucesso dessa abordagem pelo entusiasmo que sua filha demonstra. Limitar o acesso de uma jovem à tecnologia é raramente uma decisão popular; mas tomar decisões impopulares é, com certeza, uma parte importante da vida dos pais.

É possível reduzir a resistência às regras que você estabeleça, incluindo toda a família nelas. Muitos pais (eu inclusive) estão tão absorvidos pela tecnologia quanto seus filhos adolescentes, e também podem se beneficiar de alguns limites. Também pode ser mais fácil demarcar o tempo que dedicamos às mídias sociais, quando deixamos claro que não somos tão *contra* a tecnologia quanto somos *a favor* de outras coisas. Eis alguns aspectos da vida de sua filha que você pode tentar ativamente proteger da intrusão tecnológica: conversas face a face com membros da família; tempo ininterrupto para se concentrar nos deveres de casa; atividades físicas; passatempos; brincadeiras e esportes ao ar livre; sono durante toda a noite. É desnecessário dizer que as interações sociais mediadas digitalmente oferecem uma ameaça a cada um desses itens.

Envolva sua filha nas decisões sobre como implementar as regras que você estabelecer. Algumas delas são relativamente simples, como esperar que os dispositivos tecnológicos de comunicação nunca sejam convidados à mesa de jantar e estabelecer que sejam desligados a certa hora da noite. Sugerir que ela se envolva em atividades significativas que a mantenham longe das mídias sociais. Outras regras serão mais complicadas de serem criadas e implementadas. É comum, por exemplo, que os adolescentes usem tecnologias digitais para fazerem os deveres de casa juntos, cada qual em sua residência. Você terá, então, que esclarecer com sua filha se fazer os deveres de casa em conexão com as amigas abaixa seu nível de estresse, por facilitar o trabalho, ou se na verdade o eleva.

Dito isso, não se pode esperar que as garotas moderem suas atividades nas mídias sociais quando essas lhes proporcionam mais estresse que alegria, ou quando empobrecem seus processos decisivos. Admiro particularmente os pais que percebem quando as mídias sociais estão cobrando um tributo pesado de sua filha e reduzem, pelo menos por algum tempo, seu acesso aos dispositivos tecnológicos de comunicação; ou bloqueiam seu *smartphone* por alguns dias. Todos os pais que conheço e que fizeram isso me contaram a mesma história. No início encontraram uma resistência feroz por parte da filha, que não tinha interesse algum em ver reduzido seu acesso às mídias sociais. Logo em seguida, porém, pareceu mais relaxada – como há muito não se via – e voltou a ser a menina feliz de sempre.

Assim como as conexões digitais podem sequestrar as horas de vigília de nossas filhas, podem também descontrolar suas noites. Proteger a necessidade de uma menina dormir o tempo necessário muitas vezes significa que ela terá de renegociar seu relacionamento noturno com as mídias sociais.

SONO X MÍDIAS SOCIAIS

Poucas de nossas filhas têm sono suficiente, o que é provavelmente umas das mais simples (embora muito poderosa) explicações para os altos níveis de ansiedade das garotas. O sono é a cola que mantém os seres humanos inteiros. Durante a adolescência, as meninas tendem a dormir menos que os meninos. Com o advento da puberdade, todos os adolescentes vivenciam um fenômeno natural conhecido como atraso das fases do sono, que lhes torna mais fácil permanecerem acordados à noite e dormirem mais tempo de manhã. Essa curiosidade biológica explica por que uma criança de sete anos acorda horas antes do início das aulas enquanto uma garota de treze peleja para se levantar a tempo de pegar o ônibus escolar. As meninas, em média, entram na puberdade por volta dos doze anos (contra catorze, para os meninos). Infelizmente, isso significa que, no início do Ensino Médio, nossas garotas muitas vezes precisam se esforçar para dormir antes das dez ou onze horas da noite. Como as aulas começam cedo, fica impossível, para elas, obterem suas nove horas de sono – você leu corretamente, nove horas – que os adolescentes de fato necessitam.

Não existe ciência alguma complexa por trás da relação entre perda de sono e ansiedade. Quando dormimos o suficiente, podemos lidar com a maioria das coisas que a vida nos propõe; quando não dormimos, sentimo-nos depauperados e frágeis. Um acontecimento que seria simplesmente incômodo para um segundanista do Ensino Médio, como esquecer um livro importante na escola, pode desencadear um completo ataque de pânico em um adolescente exausto.

Pode ser fácil, para as garotas, presumir que podem permutar o sono por cafeína e força de vontade. Mas qualquer médica acostumada a trabalhar com adolescentes iniciará a consulta fazendo, a uma menina que vem a seu consultório reclamando de ansiedade, a seguinte pergunta: "Quantas horas você está dormindo por noite?". Se a resposta for que, rotineiramente, a garota dorme menos do que sete ou oito horas, sua ansiedade não poderá ser avaliada, muito menos tratada, até que sua privação de sono seja enfrentada. É como se uma pessoa usando três grossos casacos num interior aquecido reclamasse de estar com calor – tentar resolver o problema lhe oferecendo um copo de água gelada seria um disparate. Quando uma menina extremamente cansada diz que se sente fragilizada, técnicas de respiração não são a resposta.

Diversas coisas podem manter as meninas acordadas ao longo da noite. Muitas de nossas filhas têm vidas movimentadas após a escola e talvez não tenham possibilidade de fazerem os deveres de casa até tarde da noite. Porém, muitas vezes, quando uma garota por fim se deita na cama, sente-se incapaz de pegar no sono. Nessas ocasiões, geralmente, a culpa é das mídias sociais.

As atividades sociais on-line das meninas as mantêm acordadas de diversas formas. Como a maioria de nós sabe hoje, a luz emitida por telas iluminadas por trás suprime a melatonina, um hormônio de sono naturalmente produzido que se eleva ao final do dia. Assim sendo, qualquer pessoa sente dificuldades para dormir logo após uma interação com mídias digitais – por qualquer período de tempo. Felizmente, muitas garotas usam aplicativos digitais que ajustam a radiação emitida pelas telas, de modo a diminuir seus efeitos sobre a melatonina. Mas a luz é apenas parte do problema.

Frequentemente, ouço as meninas dizerem que é o conteúdo que encontram em sites de mídia social que as mantêm despertas durante a noite. Visualize uma menina que se abstém com sucesso de interagir on-line, enquanto diligentemente termina seu dever de casa. É fácil imaginar que, no final da noite, ela queira relaxar visitando suas amigas conectadas. Tal como descobrir um preocupante e-mail do patrão, tarde da noite, faz qualquer adulto passar a noite olhando para o teto, uma garota pode permanecer acordada durante horas se uma rápida olhada em suas mídias sociais revelar que *aquela* detestada colega está agora namorando *aquele* garoto por quem ela é apaixonada.

Todos os que enfrentam a realidade do atraso das fases do sono – sobretudo os adolescentes – precisam proteger sua capacidade para pegar no sono e permanecerem adormecidos. Isso normalmente requer que se compare o sono com uma rampa que nos leva em direção ao repouso, e não com um interruptor que podemos acionar à vontade. Os seres humanos precisam de tempo para relaxar – tanto física quanto psicologicamente –, de modo a poder dormir. Para isso, nossas filhas precisam encontrar meios de relaxar que não envolvam mídias sociais. Tal como ler ou assistir a um programa favorito, por um mínimo de trinta minutos antes da hora em que pretendem ir para a cama. Além disso, ter mídias digitais no quarto de uma adolescente raramente produz coisas boas, principalmente no horário noturno. Estudos revelam que, mesmo depois que uma adolescente adormece, não é incomum que seja despertada durante a noite por mensagens de texto enviadas por amigas.

Separar sua filha das mídias sociais pouco antes da hora de dormir tem um duplo benefício, pois ela se vê forçada a fazer uma pausa na constante e desgastante troca de mensagens com as amigas, o que a ajuda a obter as horas de sono que precisa, criando uma proteção contra a ansiedade. Um novo estudo, que acompanhou adolescentes por longo tempo, revelou que ter acesso a um celular durante a noite prejudicava o sono; o que, por sua vez, produzia um declínio tanto na autoestima quanto na capacidade para lidar com os desafios diários. Em resumo, a perda de sono produz fragilidade emocional e aumenta a probabilidade de nossas filhas sentirem ansiedade ao longo do dia.

O ALTO CUSTO DAS COMPARAÇÕES SOCIAIS

Ser adolescente é se comparar aos outros. Nós mesmos o fizemos quando éramos jovens e, agora, nossos filhos o fazem também. Porém, com a ubiquidade das mídias sociais, nossas adolescentes podem hoje se comparar com versões meticulosamente editadas de seus colegas, e passar dias assim entretidos. É quase impossível que isso funcione bem para sua filha. Por quê? Porque ela compara o que sabe sobre si mesma – que ela é complexa e imperfeita – contra as produzidas, refinadas e superficiais postagem de suas amigas. É como comparar o mobiliário de uma casa com os móveis de um mostruário. Se o aspecto externo for o padrão de medida, o mostruário vencerá sempre. E o que conta nas mídias sociais, intencionalmente, é o aspecto externo.

Quando as meninas (e às vezes mulheres adultas) esquecem isso, passam um monte de tempo sentindo-se inadequadas, enquanto esquadrinham as postagens de outras pessoas. Não supreendentemente, pesquisas confirmam que ver imagens de amigas que parecem mais felizes, bonitas ou mais bem conectadas afeta de forma negativa a autoestima de uma garota. Estudos também nos revelam que as garotas, mais do que os garotos, sofrem em decorrência das comparações sociais on-line, talvez por terem sido ensinadas por nossa cultura a priorizar a aparência física. Nem sempre poderemos nos interpor entre nossas filhas e sua natural inclinação para se compararem entre si, mas podemos mostrar-lhes certos aspectos de seu mundo on-line que poderão lhes aliviar o estresse.

Num recente encontro em uma cafeteria, fui lembrada de como a comparação social entre adolescentes se torna complexa quando transborda os limites das mídias sociais. Enquanto eu estava na retaguarda de uma longa fila na cafeteria local, Shauna, uma grande amiga minha saiu de seu lugar próximo à frente da fila e se postou atrás de mim. Depois de nos cumprimentarmos efusivamente, ela disse: "Engraçado eu ter encontrado você – eu quase lhe telefonei ontem à noite para falar sobre uma coisa, mas o assunto não me pareceu importante o suficiente para justificar o telefonema. Podemos conversar agora?".

"Claro", respondi. E estava falando sério. Geralmente não alardeio minha profissão quando estou com amigos, mas se eles me pedem uma opinião, fico feliz em poder ajudar.

"Danielle", começou ela, abaixando a voz ao falar sobre sua filha de treze anos, que eu conhecia bem, "estava uma pilha de nervos ontem à noite." Após uma pausa para organizar os pensamentos, ela prosseguiu: "Danielle tem um bom grupo de amigas na escola, mas quer se enturmar com as mais populares. Na noite passada, nós a ouvimos chorar no quarto dela. No início, ela se recusou a me contar o que tinha acontecido. Depois desabafou, mostrando-me uma foto que tinha postado: uma *selfie* tirada no quarto, onde estava realmente bonita. Só que uma garota da turma das populares copiou a foto e a compartilhou com um grupo de colegas. No texto, disse que Danielle era 'Muito fake'. Uma das amigas de Danielle – no que eu entendo como uma autêntica demonstração de bondade – reencaminhou a postagem para Danielle, que, é claro, ficou arrasada".

Shauna continuou: "Tentando me ajudar a entender o que estava acontecendo, Danielle me mostrou que sua *selfie* tinha conseguido mais *likes* e comentários que algumas das *selfies* postadas por garotas da turma das populares. A coisa toda foi tão estranha que eu nem soube o que dizer". Abanei a cabeça compreensivamente e disse a Shauna que já ouvira histórias semelhantes.

"Ontem à noite", acrescentou Shauna, "Danielle disse que estava angustiada demais para ir à escola. Mas estava melhor hoje de manhã e acabou indo, sem reclamar muito. Eu me despedi dela com um abraço, sem saber ao certo o que mais poderia fazer."

"Lamento isso ter acontecido", eu disse. "A curto prazo, acho que você poderia destacar que o que a garota popular fez foi cruel, e que a melhor coisa para Danielle, provavelmente, é continuar com suas amigas de verdade, aquelas com menos *status*."

"Eu fiz isso, e parece que ajudou um pouco."

"A longo prazo, acho que você poderia ter uma longa conversa com ela sobre o fato de que realmente não existe esse negócio de ser 'autêntica' nas mídias sociais."

Saímos então da loja, para aproveitar uma raridade em Cleveland: um dia ensolarado e com temperatura amena no mês de fevereiro. Encostadas em meu carro, no estacionamento, enquanto bebericávamos nossos cafés, prossegui: "As garotas ficam ansiosas com relação a suas postagens on-line, querendo saber como serão recebidas. É função das adolescentes se preocuparem sobre como as pessoas as veem, mas é função nossa ajudá-las a se afastar um pouco da coisa toda".

"É verdade", disse Shauna, "mas eu adoraria acabar com as mídias sociais de uma vez. Detesto o modo como sugam as energias de Danielle."

"Eu sei, mas pense no assunto como uma oportunidade para ter uma conversa que todas nós, provavelmente, precisamos ter com nossas filhas."

Shauna meneou a cabeça, encorajando-me a continuar.

"Precisamos ajudar as meninas a pararem de se julgar na base de quão 'reais' ou 'autênticas' são. Precisamos ajudá-las a valorizar o fato de que todas nós – tanto adolescentes ou adultas – construímos uma presença on-line para apresentar um determinado aspecto de nós mesmas."

"Sim, é verdade", disse Shauna. "Eu uso o Facebook para tentar ser divertida ou interessante, com certeza não compartilho tudo o que me passa pela cabeça. Às vezes volto e edito minhas postagens, quando o tom parece inadequado."

"Pois é", disse eu, "todo mundo faz isso, e sem problemas. A coisa só vira um problema quando as adolescentes ficam com a ideia maluca de que um espaço pixelado bidimensional pode representar com exatidão o todo de uma pessoa real."

"Verdade. Mas como explico isso a Danielle?"

"Acho que você pode dizer a ela o que acabou de me dizer: que existe um projeto – e no seu caso totalmente razoável – por trás do que você decide compartilhar on-line. E isso vale para todo mundo."

As garotas realmente se sentem melhor quando as lembramos de que as mídias sociais são apenas um grande mostruário de móveis. Nas palavras de Jill Walsh, uma socióloga que estuda como os adolescentes participam das mídias sociais, os jovens (e a maioria dos adultos, sem dúvida) utilizam suas postagens para expor seus "melhores momentos". Tiram centenas de fotos e só postam as melhores. Organizam e editam sua presença on-line para acumular *likes* e comentários, não para informar às pessoas sobre o que está realmente acontecendo.

Pode ser tentador criticar como as adolescentes se comportam on-line, mas é mais exato presumir que, se as mídias sociais existissem quando éramos adolescentes, nós as teríamos usado exatamente como o fazem nossas meninas. Em lugar de julgamentos, devemos oferecer apoio. Isso significa conversar com as adolescentes de modo a reduzir certos estressantes sentimentos de inadequação que sentem enquanto esquadrinham os melhores momentos de suas amigas e, ansiosamente, projetam os seus.

A Dra. Walsh observa que os adolescentes usam as mídias sociais para contar uma história sobre si mesmos e que nós podemos ajudar nossas filhas a produzirem uma espécie de crítica literária a respeito dessas narrativas. "Podemos perguntar às nossas adolescentes", diz ela, "'O que você acha dessa foto?', 'Por que foi tirada?' ou 'Para quem será?' e iniciar uma discussão sobre o projeto que há por trás da imagem." É pouco provável que levantar essas questões vá inspirar sua filha a abandonar as mídias sociais ou a parar de se comparar com as outras garotas. Mas essas não são metas realistas. Nosso objetivo, na verdade, é simples: lembrar às nossas filhas de que o que veem on-line não é e não pode representar a maravilhosa complexidade de suas amigas, assim como o que ela posta on-line não conta toda a história a respeito de si mesma.

ENCONTRANDO CONSOLO NAS COMPETIÇÕES

Nossas filhas competem umas contra as outras tanto on-line – como fez Danielle quando computou quantos *likes* sua selfie recebeu – quanto off-line. Independentemente da arena, a competição entre as garotas se torna angustiante quando elas tentam conciliar seu desejo de se relacionar bem com as amigas com seu desejo de superá-las. Não é surpreendente que tal situação, aparentemente sem vencedoras, transforme-se em poderosa fonte de estresse.

Numa tarde de segunda-feira, há alguns anos, uma pediatra local e colega de longa data me deixou um recado de voz dizendo: "Acabei de recomendar você para uma segundanista chamada Katie. Ela vem reclamando de dores no estômago há duas semanas; mas já eliminamos todas as causas possíveis e estamos convencidas de que se trata de estresse. O pai dela telefonará para você daqui a um ou dois dias para marcar uma consulta. A propósito, você vai adorar Katie. Ela é maravilhosa".

O pai de Katie logo telefonou e eu me apressei em marcar um horário para a consulta, pois os problemas de estômago da garota a estavam incomodando tanto que houve dias em que ela saíra mais cedo da escola. Quando encontrei Katie na sala de espera, entendi imediatamente do que minha colega pediatra estava falando. Os trajes de Katie demonstravam que ela era criativa e segura de si. Em vez dos *jeans* apertados e camisetas justas que eram o uniforme extraoficial da maioria das garotas de nossa comunidade, ela estava usando *leggings* estampadas sob um vestido godê de ótima qualidade, que devia ter sido, quase com certeza, garimpado em um brechó de luxo.

Fomos direto ao ponto.

"Seu pai me disse ao telefone que você está indo bem em tudo o que ele consegue se lembrar, mas que seu estômago, realmente, está lhe incomodando."

Katie respondeu como se nos conhecêssemos há muito tempo. "Não sei o que está acontecendo. Tudo parece bem, mas há cerca de duas semanas essas dores de estômago apareceram do nada; e o doutor não conseguiu encontrar uma explicação médica."

"Ocorreu alguma coisa estranha na época em que as dores começaram?", perguntei. "Nosso corpo às vezes falha quando somos muito exigidas, mas cada um falha de modo diferente. Eu tenho infecções oculares quando estou sobrecarregada, mas nem sempre percebo que cheguei ao limite até que um dos meus olhos comece a incomodar."

Após refletir alguns momentos, Katie disse: "Bem, há cerca de duas semanas, a orientadora do jornal da escola anunciou a data-limite de inscrição para quem quiser ser editor no ano que vem... e o processo de inscrição não está correndo bem". Ela fez uma pausa. "Bem, para ser sincera, isso está me perturbando mais do que eu gostaria de admitir."

Katie me contou que trabalhava no jornal da escola desde o nono ano, e havia decidido seguir a carreira de jornalismo. No final do ano escolar, alguns alunos foram convidados a se candidatar para cargos editoriais do ano seguinte, e Katie desejava ardentemente ser a editora-chefe do jornal. Embora frequentasse uma escola mista, a equipe do jornal era dominada por garotas, muitas das quais amigas íntimas de Katie.

Ela explicou: "Como não gostamos de competir umas contra as outras, decidimos escolher nós mesmas quem se inscreveria para qual cargo: chefe, editor de esportes, editor de opiniões e editor de reportagens especiais. Eu queria me inscrever para chefe, mas minhas amigas escolheram Maddie. Eu a adoro, e ela seria uma ótima editora, mas eu realmente queria uma chance. Agora estou paralisada. Se me inscrever e conseguir o cargo, minhas amigas vão ficar furiosas comigo. Mesmo que as amizades não me importassem, e me importam, eu teria um ano horrível como chefe".

"Parece aquela história de ser presa por ter cão e ser presa por não ter cão."

"Com certeza", concordou ela. "Não é de se admirar que eu esteja com problemas de estômago."

Nossas filhas aceitaram nossos encorajamentos para serem ferozmente ambiciosas, mas se esforçam para competir com as amigas de modos socialmente aceitáveis. Competições rigorosas sempre envolvem uma dose de saudável agressividade, um impulso para superar os outros. Mas nem sempre as meninas sabem como conciliar seus sentimentos competitivos com os conselhos para serem boazinhas que receberam ao longo de suas vidas. Então, como seria de se esperar, isso deixa as garotas – muito mais que os garotos – preocupadas com a possibilidade de que uma competição com as amigas prejudique as amizades. Muitas vezes tentam encontrar uma forma de fazer sucesso sem despertar inveja.

É tão impressionante quanto alarmante catalogar o número de vezes que garotas ambiciosas se encolhem até quase desaparecer na tentativa de não parecerem implacáveis. E quando se saem bem, disfarçam ou desqualificam o fato de terem trabalhado duro. Ou fingem desapontamento com o resultado de uma prova, quando, na verdade, obtiveram uma nota altíssima. Ou pedem perdão pelo sucesso. Um treinador de tênis me contou que passou uma temporada inteira implorando para que uma talentosa jogadora parasse de pedir desculpas sempre que aplicava um golpe vencedor. Ou ainda, como Katie e suas amigas, inventam esquemas elaborados para tentar evitar o problema.

Podemos ajudar nossas filhas a se sentirem menos estressadas, quando estão competindo, ressaltando a diferença entre ser uma competidora agressiva e ser uma pessoa agressiva. Quando são jovens, podemos exemplificar essa distinção quando jogamos contra elas. Embora seja tentador deixar nossa filha vencer, fazer isso sugere que derrotá-la é um ato de maldade, o que não a favorece em nada. Em vez de pegar leve com as meninas (ou nos deliciarmos ao derrotá-las), podemos jogar para vencer ao mesmo tempo em que a encorajamos e a elogiamos sempre que ela execute uma boa jogada ou faça um ponto. Se nossas filhas se sentirem desencorajadas ao perderem para nós, podemos dizer compassivamente: "Não é fácil jogar contra uma pessoa adulta. Mas quando você me vencer, e vai vencer, você saberá que me ganhou para valer. Você vai se sentir ótima e eu também, por você".

Também podemos lembrar os muitos e excelentes exemplos de atletas profissionais que são ferozes competidores durante o jogo e pessoas incrivelmente gentis após o término do encontro. Quando assisto às competições de natação (minhas favoritas) durante as Olimpíadas, juntamente de minhas filhas, digo frequentemente: "Olhem só para essas mulheres. Na água são tubarões. Fora da água incentivam umas às outras". Podemos dizer às nossas filhas que elas devem dar o máximo possível enquanto estiverem na metafórica piscina, como em provas na escola, audições em teatros, recitais e disputas esportivas. Depois podemos lembrá-las de que, uma vez fora d'água, esperamos que elas elogiem e apoiem as colegas, independentemente de como a competição se desenrolou na água.

A INVEJA É INEVITÁVEL

É bastante fácil, para uma menina, elogiar suas competidoras enquanto estiver vencendo; mas é muito mais difícil quando as coisas não estão indo bem. Considerando o quanto nossas filhas são devotadas às amigas, pode ser extremamente penoso para elas ressentirem-se do sucesso de alguém de quem realmente gostam e com quem se importam. Meu trabalho com Katie trouxe esse assunto à baila.

Enquanto conversávamos sobre o problema que a trouxera ao meu consultório, Katie percebeu que poderia alertar a orientadora do jornal, por acaso uma professora que ela realmente admirava e em quem confiava, sobre o que estava acontecendo.

"Ela é sólida – e sei que vai querer uma competição justa. É claro que está esperando que haja mais de uma candidata para cada vaga; assim posso dizer a ela que isso só acontecerá se ela exigir que cada uma de nós se candidate a pelo menos duas vagas. Então ela decidirá quem vai ocupar cada uma. Não nós." Parecendo visivelmente aliviada, Katie acrescentou: "Assim vai ser bem melhor".

A ideia dela foi ótima. Dei a Katie meu número de telefone e lhe disse que ela poderia sentir-se à vontade para me atualizar sobre os acontecimentos e para marcar outra consulta, caso suas dores de estômago não fossem embora.

Duas semanas depois, nós nos reunimos de novo, a pedido de Katie e com o apoio de seus pais. Seu plano de conversar com a orientadora do jornal havia funcionado e ela se candidatara aos cargos de editora-chefe e editor de opiniões. Para seu desapontamento, fora escolhida como editora de opiniões.

"Minha amiga Trish será a editora-chefe e fará bem o trabalho", disse ela, de olhos baixos. "Mas eu realmente queria o cargo... Acho que estou lutando por ele desde o nono ano."

Agora em lágrimas, Katie acrescentou: "Posso viver sendo diretora de opinião. Mas, honestamente... a parte mais difícil é que estou realmente com inveja da Trish. Frequentamos os mesmos lugares, mas estou achando difícil me sentir à vontade perto dela, pois acho que deveria estar conformada. Mas não estou".

"Escute", disse eu, tentando apaziguar a consciência de Katie, "sentimentos competitivos nem sempre são racionais. Não precisa se sentir culpada por causa deles. Eles fazem parte da personalidade de uma pessoa ambiciosa."

Katie me olhou fixamente durante a explicação: "Não há nada de errado em sentir inveja de sua amiga ou estar furiosa por ela ter conseguido o cargo que você queria. Esses sentimentos não anulam o fato de que você gosta dela e a respeita. E pode até sentir-se feliz pelo sucesso dela".

"Sim. De fato eu estou feliz pelo sucesso dela – e sei que ela está empolgada."

"É estranho, mas sua inveja de Trish e a felicidade que você sente com o sucesso dela podem conviver lado a lado. Você só deve se sentir envergonhada se fizer alguma maldade por causa da sua inveja."

"Ah, não. Isso é uma coisa que eu nunca faria", disse Katie rapidamente.

Assenti vigorosamente para lhe mostrar que eu também achava que não.

"Nós nos damos bem, mas tenho andado furiosa comigo por estar furiosa com ela."

"Bem", disse eu, "espero que você consiga sair desse anzol. Julgue a si mesma pelo que você faz, não pelo que você pensa ou sente. Porque se você vai ser alguém que realmente corre atrás, você vai se sentir mal, e talvez um pouco amarga, quando as coisas não correrem do jeito que você gostaria. Não se torture com isso, nem se deixe abater. Reconheça o sentimento para você mesma e vá em frente", sorri afetuosamente para lhe indicar que adorava a determinação dela.

Embora invejar as amigas íntimas possa ser algo agonizante para nossas garotas, também é doloroso para qualquer garota cobiçar as roupas da moda, as férias de verão bacanas ou a disciplina frouxa de outras adolescentes que elas conhecem. Como pais, muitas vezes somos envolvidos pelo estresse de nossas filhas quando não podemos, ou não queremos, sancionar sua competição com as colegas da escola.

Mas mesmo quando nos recusamos a afrouxar nossos valores ou o orçamento da família, podemos amenizar o mal-estar de nossa filha reconhecendo como a inveja a deixa indefesa. Podemos dizer, por exemplo: "É natural desejar as coisas boas que outras pessoas têm. Eu mesma sinto isso às vezes, quando vejo um carro de luxo. Porém, como pessoa adulta, é mais fácil para mim suportar a inveja, pois já tomei decisões acerca de minhas prioridades. Por enquanto, você está limitada às escolhas que fizemos para você, que nem sempre são ótimas, eu sei. Mas daqui a não muito tempo, você terá mais poder decisivo".

O relacionamento das meninas com suas amigas pode ser, ao mesmo tempo, maravilhoso e angustiante. O mesmo pode ser dito de suas relações com garotos. O que ensinamos às garotas a respeito de ter conflitos saudáveis se estende a todos os relacionamentos; e se elas, alguma vez, competirem pelas atenções de um garoto, a orientação que oferecemos sobre como suportar a competição com outras meninas vem a calhar. Mas os garotos podem provocar estresse e ansiedade nas garotas de outras formas, além das descritas. Assim, vamos voltar nossa atenção agora para os meios de que dispomos para ajudar nossas filhas a navegarem nas águas, às vezes revoltas, do relacionamento com os garotos.

CAPÍTULO QUATRO

GAROTAS COM GAROTOS

Além de me reunir com garotas para conversas privadas, também tenho o privilégio de conversar com elas em grupo sobre os desafios que enfrentam normalmente. Com as alunas do nono ano, reúno-me semanalmente para tratar das exigências sociais, emocionais e intelectuais que sobrevêm com a transição para o Ensino Médio. Essas sessões regulares me permitem conhecer as meninas de todas as turmas e pavimentar o caminho para as futuras reuniões, que do início do Ensino Médio até a formatura se realizam de dois em dois meses.

No outono de 2017, minha primeira visita a um grupo de garotas mais velhas do Ensino Médio foi em novembro. Como não as via desde o ano anterior, estava ansiosa para me encontrar com elas. Com as meninas do nono ano, geralmente tenho uma agenda, para ter certeza de abordar temas-chave a respeito de saúde e segurança, desde a qualidade do sono até o consumo de drogas. Mas quando tenho encontros com alunas do Ensino Médio, meus planos são menos estruturados. Chego às sessões com algumas ideias sobre o que poderemos discutir e sempre lhes pergunto se têm algo específico em mente.

Naquela tarde do final de novembro, 66 garotas estavam reunidas em uma das maiores salas da Laurel. Não havia cadeiras e escrivaninhas suficientes para todas, mas, como sempre, muitas delas gostaram da oportunidade de se sentarem no chão, com as pernas cruzadas ou esticadas. Como não tinham preocupação alguma urgente, propus um tópico que estava no centro das atenções de muitos adultos na época. O movimento #metoo[1] dominava as manchetes e havia desencadeado uma apuração sem precedentes do abuso sexualizado de poder. Achei que poderia ser útil conversar com as meninas da Laurel sobre a natureza do assédio sexual e sobre como elas poderiam se defender caso se vissem envolvidas em algum incidente desse tipo.

Perguntei: "Vocês querem falar sobre o #metoo?".

"Sim", responderam elas quase em uníssono. Passaram então os cinquenta minutos seguintes derramando relatos sobre comportamentos sexuais agressivos aos quais haviam sido submetidas por garotos, em seus círculos sociais, e por estranhos, em público. Fiquei abismada. Por mais que eu achasse que conhecia as adolescentes, e por mais que minha vida profissional me aproximasse de suas experiências cotidianas, eu, na verdade, não fazia ideia do que muitas delas vivenciavam regularmente.

Devo observar que, naquele dia, não conversei com as garotas sobre suas enriquecedoras amizades e romances com garotos. Nem elas falaram sobre suas conexões

---

[1] Movimento contra o assédio e o abuso sexual iniciado em 2017 nos Estados Unidos. (N.T.)

com os rapazes de sua idade, pois elas precisam da minha ajuda no tocante a esses relacionamentos. Embora eu saiba que muitas garotas da Laurel conhecem garotos que são dedicados e adoráveis amigos, e alguns devotados e afetuosos namorados, nossa discussão se concentrou nas interações com rapazes que as haviam deixado constrangidas ou temerosas. Este capítulo, como muitas das minhas conversas com as meninas da Laurel, focará os modos como os garotos, frequentemente, contribuem para o estresse e a ansiedade das garotas.

Não há dúvida de que eles, muitas vezes, também tornam melhores as vidas das garotas. De fato, reconhecer como os garotos podem ser ótimos nos ajuda a ilustrar – para nós mesmas e para nossas filhas – que sair da linha é uma escolha feita por alguns caras, não uma forma de tratamento provocada pelas garotas.

DESRESPEITO DIÁRIO

As histórias foram surgindo lentamente, no início, mas ganharam velocidade à medida que as meninas se apoiavam nas experiências umas das outras. No início, uma das garotas contou que os caras que conhecia fora da escola lançavam a torto e a direito termos como *piranha* e *vagabunda*.

"Eles falam isso", atalhou outra garota, "nas situações mais diversas. Se a gente tropeçar enquanto está caminhando, eles dizem", ela engrossou a voz e adotou uma entonação zombeteira: "'Você tropeçou – você é uma tremenda *piranha*!'."

"Se você reclama, dizendo que são muito imaturos", acrescentou uma terceira garota, exasperada, "eles dizem que você está sendo ridícula – e que eles só estavam brincando. Sei que nós às vezes gracejamos com eles, mas...".

"Eles também apertam nossos bumbuns", disse uma garota que estava sentada no chão, de pernas cruzadas, enquanto manuseava nervosamente um anel que estava usando. Várias outras colegas assentiram, confirmando o que ela dissera.

"O quê?!", respondi, sem tentar disfarçar minha surpresa e desaprovação.

"Sim", aparteou uma menina de longos cabelos negros, em tom prosaico. "Quando a gente está tirando uma foto de grupo, eles acham que não há nada de mais em botar as mãos em nossos bumbuns."

"É mesmo?", disse eu. "Você não pode mandá-los pararem com isso?"

"A gente pode tentar", respondeu ela, "mas eles geralmente se fazem de bobos ou dizem que a gente está criando caso por pouca coisa."

Uma aluna no fundo da sala ergueu a mão para contar que havia repreendido um cara que conhecia da antiga escola. "Eu estava com uma turma de amigos e um cara do grupo achou que seria engraçado vir por trás de mim, puxar a alça do meu sutiã por cima da blusa e depois soltá-la, fazendo com que estalasse. Eu disse para ele parar com isso e ele ficou furioso." Após uma pausa, ela acrescentou: "Ele me tirou das redes sociais dele e não fala mais comigo".

"Puxa...", disse eu lentamente. Depois, passando do choque para a solidariedade, perguntei: "Você está sentindo muita falta dessa amizade?".

"Não. Não estou. Principalmente sendo esse o modo de agir dele." Com um toque de tristeza, ela acrescentou: "Mas, sinceramente, eu não esperava que ele levasse tão longe a minha reação".

As histórias não paravam de vir. Elas falaram sobre garotos que queriam que todos os cumprimentos incluíssem um abraço e de desconhecidos que as seguiam pelo shopping com uma persistência não só indesejável como também intimidadora. Repetidas vezes, elas descreveram como os caras passavam dos limites com elas e de como eram pressionadas a achar que não tinham direito de reagir contra as transgressões.

"Certa vez, quando eu estava fazendo trabalhos comunitários no centro da cidade com meu grupo de jovens", contou uma jovem, sentada em uma carteira, balançando as pernas para a frente e para trás, "alguns operários de uma obra na rua começaram a me chamar, fazendo gestos obscenos. Aquilo realmente me deixou nervosa. Num outro dia, quando estávamos deixando o local onde fazemos o trabalho comunitário, pedi aos garotos que estavam comigo para tomarmos um caminho diferente. Quando eles me perguntaram qual era o problema, eu contei a eles. Eles disseram que eu estava sendo boba."

Eu realmente não deveria ter ficado tão surpresa com o que as meninas da Laurel falaram. Embora elas passem o dia em um ambiente exclusivamente feminino, as descrições dos assédios que recebem por parte de rapazes e homens fora da escola têm sido confirmadas por pesquisas realizadas em todo o país. Um relatório da Associação Americana de Mulheres Universitárias revelou que quase metade das garotas que cursam do oitavo ano ao colegial já foram intencionalmente tocadas, agarradas, beliscadas ou friccionadas de um modo sexual *dentro das escolas*. Na mesma pesquisa, as garotas também relataram que os garotos da escola desenhavam pênis em seus cadernos, faziam comentários a respeito de seus seios, olhavam por baixo de suas blusas e espalhavam boatos sobre suas vidas sexuais.

As garotas da Laurel e os dados da pesquisa trazem à luz dois problemas: o assédio sexual é lugar comum entre as adolescentes; e as garotas, de forma rotineira, são levadas a crer que não devem reclamar. A pesquisa revelou também que as garotas que falavam sobre o assédio com as outras ouviam frequentemente que o assédio fora só brincadeira, que não fora nada demais e que a garota deveria esquecer o assunto, ou, pelo menos, parar de se preocupar com o fato.

Nosso encontro também trouxe à luz uma terceira – e talvez ainda mais perturbadora – preocupação: muitas das garotas pareciam sentir vergonha do assédio que haviam sofrido e dúvidas quanto à própria culpabilidade. Por muito que quisessem, claramente, falar sobre o que estavam vivenciando, havia uma estranha subcorrente em nossa conversa. As garotas não estavam apenas me contando o que tinham aturado; era como se estivessem *confessando* suas experiências de assédio sexual. Aquelas jovens empoderadas pareciam estar, em algum nível, conjecturando sobre o que *elas* haviam feito de errado para atrair o abuso.

Estávamos nos aproximando do término do horário, e eu fizera pouca coisa além de ouvir. Para as meninas era útil, sem dúvida, conversar abertamente sobre as atribulações pelas quais haviam passado, mas eu não queria terminar a reunião antes de falar alguma coisa sobre o inconfesso, porém palpável, sentimento de vergonha que afligia algumas delas. Felizmente, uma aluna sentada próximo à frente da sala colocou a questão da culpa bem diante de nós.

"Mas", disse ela humildemente, "nós às vezes, *realmente*, usamos *leggings* como calças."

"É verdade", disse eu, sentindo-me grata pela oportunidade que ela criara. "Mas vamos deixar uma coisa bem clara: vocês nunca têm culpa quando rapazes ou homens degradam vocês. O fato de alguns caras fazerem comentários inconvenientes às vezes nada tem a ver com a roupa que vocês estão usando, com a aparência de vocês, nem se vocês estão numa festa, num baile ou em qualquer outro lugar. O assédio é única e exclusivamente um cara tentando sentir-se grande diminuindo alguém. É simples assim, e posso provar isso a vocês."

Então comecei a lhes falar sobre uma reunião que tivera apenas alguns meses antes. Eu estava em um evento a trabalho, usando uma roupa sóbria, quando me vi conversando com um grupo de homens que acabara de conhecer. Logo no início da conversa, um dos caras presentes soube que eu escrevera o livro sobre garotas adolescentes que estava, na época, sobre a mesa de cabeceira de sua esposa. De repente, sem titubear, ele me disse em tom malicioso: "Aposto que você deve frequentar um *monte* de quartos".

"Puxa!", disseram as garotas em resposta à minha história. "O que você fez?"

"Gelei. Esse é o problema quando alguém passa dos limites. A interação dá uma guinada tão rápida que a gente perde o equilíbrio."

"Então nada aconteceu? Você deixou passar?", perguntaram elas, claramente desapontadas com o rumo da história.

"Na verdade", respondi, "os outros homens presentes logo chamaram a atenção dele. Fiquei muito agradecida. Como o cara que disse aquilo visivelmente se arrependeu, não foi necessário que eu reagisse."

Contar essa história me deu uma ideia a respeito de como terminar nossa sessão com uma observação proveitosa. "Antes de vocês saírem", disse eu, "vamos falar sobre a quem vocês podem recorrer caso sofram assédio sexual, e como vocês podem apoiar umas às outras se estiverem perto de garotos que estejam se comportando de forma inconveniente."

AJUDANDO GAROTAS A LIDAREM COM O ASSÉDIO

Quando saí do encontro com as alunas da Laurel, estava claro para mim que os adultos não haviam feito quase nada para reconhecer, muito menos enfrentar, os assédios que as adolescentes sofrem em uma base regular. Além disso, era óbvio que nossas meninas precisam de estratégias eficazes para lidar com humilhantes comentários de mau gosto e intimidades indesejáveis. Elas andam estressadas com os assédios, e sentem-se ameaçadas com os desrespeitos com os quais se deparam. Se vamos ajudar nossas garotas a lidar com a tensão e a ansiedade suscitadas pelos comportamentos sexualmente agressivos, precisaremos criar condições que lhes permitam falar às claras sobre o assunto.

É fácil para os pais subestimarem quantas atitudes indecentes as garotas suportam, pois nossas filhas, muitas vezes, relutam em falar sobre o assunto. Quanto mais eu refletia sobre a vergonha subjacente que permeou minha reunião com as meninas da Laurel, mais eu percebia como é diabólico o assédio sexual. O modo como somos vistas pelos outros pode moldar como vemos a nós mesmas. Isso tem aspectos positivos, quando uma respeitada amiga ou colega nos telefona para pedir conselhos, nós nos mostramos à altura do desafio, sentindo-nos mais inteligentes e capazes que antes do telefonema. Mas também tem aspectos negativos se uma amiga se mostra cautelosa no tocante a uma notícia pessoal, podemos perguntar a nós mesmas se somos tão dignas de confiança como pensávamos.

Quando uma adolescente (ou mulher adulta, por falar nisso) é tratada de modo degradante, ela pode sentir-se desvalorizada ao perceber que é vista, pelo menos por uma pessoa, como alguém que merece esse tipo de tratamento. Uma adolescente pode manter em segredo uma experiência degradante por acreditar que o simples fato de ter sofrido um assédio se reflete negativamente sobre ela.

Nossas filhas podem sentir-se relutantes em nos falar a respeito de problemas com garotos por se preocuparem com nossa reação. Provavelmente estão certas ao presumirem que não ficaremos felizes com as notícias. Diante disso, uma garota pode não nos falar sobre algum comportamento sexual agressivo de que tenha sido vítima, achando que se colocará na berlinda (por exemplo: "Para início de conversa, por que você estava com esse garoto?" ou "Com que roupa você estava?"). Ela também poderá ter receio que nossos instintos protetores nos levem a intervenções que, no entender dela, só tornarão as coisas piores. Tendo isso em mente, não devemos aguardar uma manifestação de nossas filhas para levantar a questão do assédio sexual.

Na altura da sétima série, ou mesmo antes, considere a possibilidade de perguntar à sua filha como os garotos da escola agem e se são respeitosos com as meninas. Se sua filha tiver histórias para contar a respeito de coisas que está presenciando, ou com as quais já está lidando, diga a ela como você se sente feliz com o fato de ela ter lhe contado isso e a informe que você está disponível para ajudá-la a resolver qualquer problema que tenha com o comportamento de qualquer garoto. Se ela parecer surpresa com a pergunta ou se fechar, diga-lhe que você ouviu falar de garotos que passam dos limites com as garotas, garantindo que você jamais a fará se arrepender de procurar sua ajuda nesse tipo de assunto. Ao que você poderá acrescentar: "O assédio não diz nada a respeito da vítima, mas diz muito sobre a pessoa que o comete". Quanto mais tirarmos das sombras os comportamentos sexuais agressivos, mais minimizamos a desnecessária vergonha que as meninas sentem após o abuso.

Ao iniciar essas conversas, deixe claro para sua filha que você está preparado para falar com ela sobre situações que lhe pareçam estranhas. E se ela flertar com alguém que leve o flerte para um lado negativo? E se for ao shopping usando *leggings* e ouvir alguns caras comentarem sobre o formato do bumbum dela?

Às vezes, a orientação que podemos oferecer serão bem definidas. Por exemplo, podemos lembrar à nossa filha que nunca é certo ser rude ou indecente com qualquer pessoa. Em outras situações, podemos nos ver às voltas com perguntas difíceis. Quando sua filha tinha treze anos, uma das minhas amigas me disse: "Não posso suportar a ideia de homens mexendo com ela na rua; mas estou com medo de conversar com ela sobre como se vestir para não sugerir que ela possa ser a culpada se isso acontecer. O que devo fazer?".

"Não sei ao certo", disse eu, "mas um bom começo seria dizer à sua filha o que você acabou de me dizer e ver o que ela acha que você – *e ela* – devem fazer."

Não pense que sua filha está a salvo de ser assediada por garotos caso se identifique como lésbica ou bissexual. Estudos 12 que garotas do Ensino Médio com essas orientações sexuais são, pelo menos, tão assediadas sexualmente quanto as colegas heterossexuais. Pesquisas também revelam que o fato de sofrer assédio sexual está relacionado a altos níveis de estresse psicológico e a baixos níveis de autoestima em todas as garotas; e que esse quadro se intensifica quando as garotas são gays, bissexuais ou indefinidas em sua orientação sexual. Já é um grande desafio pertencer a uma minoria sexual no Ensino Médio; ter que lidar com assédios acerca da própria sexualidade torna ainda mais difícil uma situação já estressante. Para tornar as coisas piores, as alunas lésbicas, bissexuais ou indefinidas podem achar que não conseguirão a ajuda de seus colegas ou pais ao serem alvo de comentários de mau gosto, provocações, calúnias ou coisas piores.

Há duas importantes conclusões a serem extraídas da pesquisa sobre os altos níveis de assédio suportados pelas garotas que não são hétero. Uma é a de que precisamos tomar medidas extraordinárias para enfrentar o comportamento hostil dirigido a alunas integrantes de minorias sexuais. Felizmente, as pesquisas estabeleceram que um clima de proteção na escola e um forte apoio em casa minimizam os efeitos nocivos do assédio dirigido às adolescentes não heterossexuais. Outra é um lembrete para que seja refreado qualquer impulso no sentido de culpar a vítima quando somos informados de que garotas e jovens mulheres estão sendo assediadas sexualmente. Quando as garotas reclamam do comportamento dos caras, muitas vezes são questionadas a respeito de sinais encorajadores que possam estar oferecendo. O fato de garotas não hétero serem rotineiramente assediadas ressalta que o comportamento indecente por parte de alguns garotos nada tem a ver com a conduta delas, mas tudo a ver com as decisões deles.

Ao discutirmos abertamente o assédio sexual, podemos dizer às nossas filhas como isso pode ser uma coisa assustadora. Provocações, olhares maliciosos e comentários de teor sexual não são inofensivos. As meninas têm boas razões para ficarem nervosas quando os meninos perdem o respeito, e a última coisa que devemos fazer é lhes dizer que tais incidentes não são muito sérios. A ansiedade que sentem quando garotos e homens passam dos limites com elas é do tipo saudável – o mal-estar que nos alerta contra ameaças e nos diz para entrarmos em guarda.

Você poderia dizer para sua filha: "É horrível mesmo quando um cara diz ou faz algo inconveniente. Mesmo não sendo grande coisa, todas as meninas e mulheres pensam: *Se ele tentar isso, o que mais vai querer tentar?*". Os homens possuem geralmente mais independência cultural e, quase sempre, mais força física que as mulheres. Assim como essas são dotadas de uma primitiva reação de medo – acionada quando um cara demonstra que quer abusar de seu poder. "Mesmo quando um cara está apenas lhe dando calafrios", podemos acrescentar, "eu quero que você leve a sensação a sério e se afaste dele; ou peça ajuda."

Após deixar claro que nossas filhas não devem sentir vergonha se forem assediadas – e que devem prestar atenção ao mal-estar que sentem quando são tratadas de forma degradante –, podemos conversar com elas sobre o fato de que o assédio é uma forma sexualizada de intimidação. Os intimidadores usam seu poder físico ou social para intimidar e humilhar outras pessoas. Os assediadores introduzem uma sórdida conotação à mesma dinâmica, usando linguagem vulgar e investidas indesejáveis para alcançar o mesmo objetivo.

As garotas sempre sabem muito mais do que os adultos imaginam a respeito de serem intimidadas por garotos. A preocupação cultural com garotas malvadas desviou nossa atenção da descoberta, fundamentada por pesquisas, de que as garotas são mais frequentemente intimidadas por garotos do que por outras garotas. Em parte, porque os garotos investem contra colegas de ambos os sexos, enquanto as garotas raramente visam garotos. Os garotos não só superam as garotas nas táticas de intimidação física e verbal (com xingamentos, por exemplo), como também praticam intimidação relacional (propagação de boatos, exclusão) e intimidação cibernética, duas formas de agressão pelas quais as garotas são desproporcionalmente responsabilizadas. Pesquisas realizadas com garotas compararam os custos psicológicos de serem intimidadas contra os de serem assediadas sexualmente. O resultado foi que ambas as formas de abuso são nocivas, mas o assédio sexual tem mais probabilidades que a intimidação de solapar o desempenho escolar, deixando as vítimas sentindo-se abandonadas pelos professores e isoladas de suas comunidades escolares.

Anos de pesquisas sobre intimidação e assédio nos ensinaram algumas coisas a respeito do que fazer. Em primeiro lugar, como já foi destacado, precisamos nos assegurar de que a vergonha não impeça as jovens que estejam sendo maltratadas de protestar e procurar ajuda. Em segundo, precisamos incentivar as pessoas presentes, quando uma intimidação ou um assédio estiver ocorrendo, a agir em defesa da vítima. Tanto para nossas filhas quanto para nossos filhos, devemos dizer: "Se você presenciar alguém cometendo um ato de crueldade ou sexualmente inadequado, você tem a obrigação de fazer alguma coisa. Pode proteger a pessoa que está sendo agredida, pode contar a um adulto o que está acontecendo, ou fazer ambas as coisas".

Acima de tudo, nossas filhas não devem sentir-se desamparadas diante de atos cruéis, e não devem ser obrigadas a lidar com o comportamento sexual inconveniente de algum sujeito sem nenhum apoio, ou mesmo intervenção, de um adulto. Mesmo mulheres adultas se sentem confusas diante de um assédio sexual, portanto não devemos esperar que nossas filhas sejam capazes de lidar com isso sozinhas.

O DANOSO PARADIGMA ATAQUE-DEFESA

Algumas garotas são sexualmente agressivas com garotos. Embora seja mais provável que esses assediem garotas do que o contrário, o abuso não é uma rua de mão única. Pesquisas revelam que garotas assediam garotos pessoalmente, mas o fazem com mais frequência em ambientes digitais. Com base em seus próprios depoimentos, 6% das garotas atormentaram um garoto para que este lhes enviasse fotos de si mesmo despido; 9% enviaram uma foto picante; e 5%, em ambientes on-line, importunaram os rapazes para que fizessem sexo com elas (no âmbito dos garotos, os números foram 22%, 8% e 19%, respectivamente).

Essas revelações combinam com as histórias que ouço em meu consultório. Em mais de uma ocasião, pais de garotos me perguntaram o que deveriam fazer a respeito de garotas que parecem ser inquestionavelmente predadoras. Para deixar claro o óbvio, não creio que devemos encarar o fato como um passo positivo na direção da igualdade sexual; nem louvarmos as garotas que se juntam a rapazes que chafurdam na lama do comportamento obsceno. Dito isso, devemos admitir que, mesmo quando as garotas abusam dos garotos, as pesquisas nos informam que a ocorrência não tem o mesmo impacto negativo que o reverso. As diferenças de poder social e força física entre os sexos masculino e feminino provavelmente explicam por que garotas assediadas por garotos relatam, de forma consistente, sentirem-se mais intimidadas que garotos assediados por garotas.

Por exemplo: uma colega próxima me telefonou para fazer uma consulta acerca de uma menina de doze anos que ela estava atendendo em seu consultório. Os pais da garota haviam pedido ajuda à minha amiga depois que uma verificação de rotina no telefone da filha revelou que ela estivera importunando um garoto da turma para que ele lhe enviasse uma foto de seus órgãos genitais. Em troca, ela se ofereceu para enviar a ele uma foto de seus seios. Quando o garoto por fim cedeu aos repetidos rogos da garota, ela honrou a promessa.

"Eu não sei por onde começar", disse minha colega, "já que essa pobre criança tem agora dois problemas. Começamos a trabalhar juntas porque os pais dela queriam saber exatamente por que ela achava que atazanar o garoto para obter as fotos não tinha nada de mais. Enquanto isso, a foto que *ela* remeteu acabou gerando um furor social na escola. Nenhum dos alunos da escola dá atenção ao fato de *ele* ter enviado para *ela* uma foto do próprio pênis, mas vários deles estão postando comentários chamando minha cliente de prostituta. Ela agora está se recusando a ir à escola e posso entender por quê."

Agir de forma coercitiva ou degradante, obviamente, não tem cabimento para ninguém. E embora eu não possua uma explicação irrefutável para o que se passa na cabeça de meninas que passam dos limites com meninos, faço uma ideia de como podemos entender essa indesejável virada de mesa. Sem terem consciência disso, os adultos dão aos jovens a impressão de que, na esfera romântica, uma pessoa joga no ataque e outra, na defesa. Propomos essa ideia equivocada sob mais aspectos do que percebemos e, quando o fazemos, sugerimos que cabe aos garotos tentar fazer os gols e, às garotas, repeli-los.

Quando ouço falar de comportamento sexualmente agressivo por parte de meninas, vejo o fato como um subproduto dessa premissa tóxica. As garotas que não se sentem bem com tal arranjo, mas não conhecem outro, podem decidir que se as únicas opções são ser a pessoa que pressiona ou a pessoa que sucumbe, elas tentarão ser a que pressiona. Nada disso é bom para nossas filhas ou nossos filhos, mas a situação não vai melhorar até que essa problemática estrutura seja desmantelada. Vamos analisar agora como chegamos a uma posição tão incômoda, com vistas a direcionar os jovens para um caminho mais saudável.

EDUCAÇÃO SEXUAL DE GÊNERO

Tanto em nossos lares quanto em nossas escolas, um estranho padrão se revela quando conversamos com jovens sobre suas incipientes vidas românticas. Constatamos que os adultos tendem a dar duas versões diferentes a respeito da "conversa", uma para as meninas e outra para os meninos. Para as meninas, normalmente dizemos algo deste tipo: "Quando você pensar sobre sua vida amorosa, existem algumas coisas fundamentais a serem consideradas. Primeira, você não vai querer se colocar em uma posição ruim, onde as coisas podem ir mais longe do que você gostaria. Segunda, você não vai querer pegar uma doença sexualmente transmissível. E terceira, você não vai querer engravidar". Alguns adultos também acrescentam: "Ah, e tome cuidado com sua reputação. Você não vai querer ficar conhecida como uma menina fácil". Pesquisas nos revelam que os meninos recebem uma mensagem diferente e muito mais curta, que a grosso modo é: "Cara, quando você fizer sexo, lembre-se de usar um preservativo e de obter o consentimento da garota".

Os adolescentes não são bobos. Eles captam os significados evidentes, embora não mencionados, por trás desses discursos associados a gêneros. Os garotos ouvem os adultos dizerem que todos os rapazes possuem um forte desejo de fazer sexo; e embora lhes oferecendo inteira liberdade para atuar segundo esse impulso, nós os avisamos para não se exporem a infecções, a possibilidade de uma gravidez não desejada ou a acusações de má conduta. As meninas ouvem apenas uma lista de *nãos*. Após vários anos fazendo palestras a respeito dos *nãos* às meninas da Laurel School, como parte de nosso programa de educação sexual, ocorreu-me – inquietantemente – que minha mensagem subjacente era: "Senhoritas, os adultos preferem que vocês não sejam sexualmente ativas". Refletindo mais sobre o assunto (e ficando ainda *mais* inquieta), percebi que por baixo da mensagem "por favor, não faça sexo" havia outra. "E também, senhoritas, pedimos a vocês que controlem sua sexualidade adolescente. Porque não vamos pedir isso aos rapazes".

Como defensora de garotas, era difícil engolir o fato de que eu estava participando ativamente na distribuição de um duplo padrão de conduta para a vida amorosa das jovens. Como psicóloga, tornou-se claro para mim que o modelo vigente, para as garotas, de conversas a respeito de sexo provavelmente lhes provocava uma boa dose de estresse psicológico. Quando deixamos de reconhecer que as meninas nascem equipadas com desejos sexuais, estamos na verdade dizendo a elas: "Os adultos não se sentem bem com o fato de você ter impulsos eróticos. Portanto, vamos ignorar por completo esses impulsos e lhes dizer que pisem nos freios românticos enquanto os garotos pisam nos aceleradores".

Essas mensagens informam, essencialmente, que há algo errado nas garotas que se interessam por sexo. Assim sendo, o que uma jovem poderá fazer quando sua mente e seu corpo lhe dizem uma coisa e os adultos lhe dizem outra? Muitas vezes, as garotas se sentem ansiosas e envergonhadas a respeito de sentimentos normais e previsíveis.

Talvez você já tenha combatido essa deplorável tendência cultural em seu próprio lar, saudando o despertar da vida amorosa de sua filha como um desenvolvimento feliz e saudável. Mas mesmo quando sua mensagem sobre a emergente sexualidade de sua filha é positiva e imparcial, ela ouvirá do resto do mundo uma coisa diferente. Portanto, temos que enfrentar esse fato também. Estou certa de que não preciso dizer que o preconceito cultural contra os desejos femininos está firmemente codificado na nossa língua. Em nosso pernicioso glossário, garotas ou jovens tidas como sexualmente permissivas são descritas como *piranhas, vagabundas, vadias, xoxoteiras* e assim por diante.

Garanhão é um dos poucos termos de que dispomos para descrever os caras com vidas sexuais movimentadas. No entanto, ao contrário das palavras equivalentes que temos para as garotas, muitos garotos aceitam o termo *garanhão* com orgulho, pois foram criados em uma cultura que valoriza homens viris. O único termo sexualmente depreciativo para os homens parece ser *galinha*, que se aplica a homens que têm rápidos encontros com garotas, namoram várias delas ao mesmo tempo e só procuram aventuras sexuais passageiras. Curioso, é que o termo também é usado para garotas, nas acepções descritas no parágrafo anterior. Mas quando eu pergunto às meninas se o termo *galinha* é tão ofensivo para um garoto quanto para uma garota, elas me respondem com um retumbante e inquestionável "não".

A duplicidade de padrões sexuais tem um alto custo para a saúde psicológica de nossas garotas. Uma pesquisa, adequadamente intitulada "Execrável se fizer, execrável se não fizer... Se você for uma garota" examinou mensagens com conteúdo de sexo explícito que os adolescentes trocam nas mídias sociais. Esse estudo, assim como outros, descobriu que tanto os garotos quanto as garotas enviam fotos nus, mas os garotos têm mais probabilidades de pressionarem as garotas a fazê-lo. Além disso, as garotas entrevistadas relataram que eram menosprezadas pelos garotos, independentemente do que fizessem. Aquelas que se recusavam a enviar fotos de si mesmas nuas eram chamadas de puritanas, enquanto aquelas que cediam às pressões eram chamadas de *piranhas*. E como minha colega descobriu, no caso de sua jovem cliente que importunou um garoto de sua turma para obter sua foto nu, os rapazes no estudo eram "praticamente imunes a críticas, enviassem ou não as fotos".

É má ideia, claro, para quaisquer menores de idade, enviar fotos de si mesmos nus. Assim, adotamos a prática generalizada de dizer às meninas para não enviarem esse tipo de foto; mas quase nunca dizemos aos garotos para que não o façam. Nem lhes perguntamos se o fazem. Um estudo revelou que mais de dois terços das garotas entre doze e dezoito anos foram importunadas – e muitas vezes ameaçadas e intimidadas – por garotos para que lhes enviassem fotos de si mesmas despidas. O fato de não impedirmos que os garotos atormentem as garotas para que essas lhes enviem conteúdo erótico ilustra o quanto os adultos, mesmo involuntariamente, aceitam e perpetuam o problemático arcabouço de garotos-no--ataque-garotas-na-defesa. Nós atribuímos às meninas, e somente às meninas, a responsabilidade de policiar o comportamento sexual dos adolescentes. Tudo isso deixa nossas filhas em uma posição psicologicamente desgastante, onde, no final, acabam sendo, como diz o estudo, execráveis se o fizerem e execráveis se não o fizerem.

EQUALIZANDO "A CONVERSA"

Para fazer justiça a nossas filhas e filhos, devemos descartar as conversas associadas a gêneros e adotar uma única abordagem para aconselhar os jovens em suas incipientes vidas amorosas. Assim sendo, seria recomendável seguir as orientações da Dra. Mary Ott, uma pediatra especializada na saúde sexual de adolescentes. Segundo ela: "Nós desejamos que nossos adolescentes desenvolvam relacionamentos significativos e desejamos que eles vivenciem a intimidade". Para isso, ela recomenda que "desloquemos nossas conversas sobre sexo para longe do sexo como fator de risco, de modo a trazê-las na direção do sexo como parte do desenvolvimento saudável".

Na prática, isso significa que devemos dizer às nossas pré-adolescentes e adolescentes: "Quando você estiver pensando nos aspectos físicos de sua vida romântica, deve começar a refletir sobre o que você quer. Procure focalizar o que você gostaria que acontecesse, no que seria divertido para você, no que faria você se sentir bem". Reconheço que não são conversas fáceis para termos com nossas filhas, e que os pais que falarem essas duas frases podem levar sua filha adolescente a pensar em pular de um carro em movimento para encerrar a conversa. Mas diga essas palavras, ou alguma coisa parecida, mesmo assim. Se quisermos ajudar nossas filhas a aliviar o tremendo estresse criado pela cultura sexual predominante, precisamos não só admitir como também aprovar afetuosamente seus desejos saudáveis.

Se sentir que sua filha aguentará discutir esse tópico, você pode acrescentar: "Assim que você tiver noção do que gostaria que acontecesse, a próxima coisa a considerar é o que seu parceiro gostaria que acontecesse. Isso vai exigir alguma comunicação – vocês terão que se conhecer bem o bastante para obter a resposta". Em outras palavras, o que nós pretendemos é destacar o valor de um relacionamento honesto e confiante com o parceiro romântico.

Quando converso com garotas sobre suas vidas românticas, meu discurso genérico abrange as regras de relacionamento para os que são hétero, para os que não são e até para pessoas de todas as idades. Inadvertidamente (ou talvez intencionalmente), os adultos por vezes deixam de fora jovens que são gays, lésbicas, bissexuais ou indefinidos, enquadrando o romance apenas em termos heterossexuais. *Todos* nós nos beneficiaremos se abandonarmos nossa perturbadora estrutura heterossexual de vencedores e vencidos, e nos lembrarmos de que a intimidade física deve ser uma situação alegre e participativa em qualquer forma que assuma.

Embora este livro seja um guia compacto, cabe lembrar que devemos falar repetidamente com nossas filhas sobre a intimidade física. Há duas boas razões para isso. Em primeiro lugar, como já foi destacado, as garotas nem sempre estão dispostas a discutir suas vidas amorosas com os pais (muitos adultos também acharão esse tópico extremamente embaraçoso!). Assim sendo, pode ser melhor que os pais manifestem seus pontos de vista objetivamente, encerrem a conversa e não esperem muita coisa em termos de resposta. Se sua filha, por acaso, estiver ansiosa para falar sobre sua vida romântica, aproveitem a deixa para aprofundar a conversa. Mas se seus esforços para levantar o assunto – talvez dizendo "Provavelmente isso é óbvio, mas acho que vale a pena mencionar: você deve sentir prazer em sua vida amorosa e só dividi-la com um parceiro que goste que você sinta prazer" forem recebidos com frieza, não se desespere. Conhecer a posição dos pais é algo sempre valioso para a filha.

Em segundo lugar, a natureza e o enfoque dessas conversas mudará à medida que nossas filhas crescerem. Com meninas mais novas (Ensino Fundamental e início do Médio), podemos adotar uma abordagem cautelosa para introduzir a ideia de meninas levando a sério aquilo que *elas* desejam. Se sua filha mencionar que um garoto da turma dela anunciou sua intenção de dançar lentamente com uma de suas amigas em uma festinha da sexta série, você pode lhe perguntar descontraidamente: "Que lindo... você acha que ela também quer isso?". À medida que nossas meninas ficam mais velhas, os enredos de seus filmes favoritos, as letras das músicas que escutam ou mesmo os comentários que fazem acerca dos colegas podem oferecer aos pais boas oportunidades para enfatizarem o direito das filhas a uma vida romântica agradável e equitativa.

Às vezes, as próprias garotas iniciam essas conversas. Mas se não o fizerem, nós devemos fazê-lo. Quando minha filha mais velha cursava o sétimo ano, eu me vi certo dia postada atrás da mãe de uma de suas colegas – uma garota chamada Lexi – na fila do caixa da mercearia. Gosto muito dessa mãe, e sempre me encontro com ela pela cidade e nas atividades da escola. Quando ela me viu naquele dia, disse entusiasticamente: "Ah, essa você vai adorar! Algumas noites atrás, Lexi me perguntou, do nada: 'Por que existem palavras para as meninas, como *vagabunda* e *piranha*, mas não existe nada parecido para os meninos?'". Enquanto pousava os mantimentos na esteira do caixa, a mãe de Lexi continuou: "Eu disse 'Boa pergunta' e depois frisei que nossas palavras dizem muita coisa sobre nossa cultura e que, infelizmente, não temos palavras positivas para garotas com vidas amorosas ativas".

"Fico feliz por Lexi ter feito essa pergunta", disse eu, "e fico feliz por você ter aproveitado a oportunidade para destacar como o sexismo está entranhado em nossa língua." Depois acrescentei: "Vamos esperar que nossas filhas encontrem as palavras certas para descrever a sexualidade saudável de uma mulher, porque nós, com certeza, não as ouvimos enquanto crescíamos".

Queremos que nossas filhas cultivem um forte sentido de protagonismo em suas vidas românticas: elas devem se divertir sem serem, jamais, exploradas ou maltratadas. Agora, vejamos *como* podemos dizer isso a elas.

CONSENTIMENTO NÃO É TUDO

Adotar um enfoque positivo sobre a emergente vida amorosa de nossas filhas quando o assunto aparece pela primeira vez – usualmente na metade do Ensino Fundamental – pavimenta o caminho para lidar com o elemento seguinte de qualquer romance saudável: chegar a um entendimento.

"Assim que você souber o que quer e o que seu parceiro quer", você poderá dizer, "vocês poderão descobrir com o que concordam entusiasticamente." Reconheço que essa é a parte da conversa em que nós costumamos falar sobre consentimento – normalmente no Ensino Médio –, mas acho que precisamos reconsiderar seriamente o uso generalizado dessa palavra quando estivermos oferecendo orientações aos jovens sobre intimidade sexual. Colocando de uma forma simples: solicitar o consentimento, apenas, cria uma barreira baixa demais para o ingresso no que deveria ser o prazer compartilhado do romance físico.

Tanto para nossas filhas quanto para nossos filhos, convém lembrar que, embora os adultos tendam a enfatizar a importância decisiva do consentimento, a palavra não passa de um termo jurídico que estabelece um patamar mínimo de permissão. Podemos dizer: "Alguma coisa está errada quando você precisa conceder *permissão* para que alguém saia com você, segure sua mão ou faça qualquer outra coisa. A vida amorosa é muito mais divertida do que isso!". Devemos acrescentar que não devemos admitir que nossos filhos entendam a resposta "Tudo bem... ótimo" dita por parceiros românticos como um sinal verde para a atividade sexual. Uma vida amorosa saudável significa descobrir áreas de concordância prazerosa. Já que estamos orientando a entrada de jovens no mundo do romance, devemos estabelecer os mais elevados padrões possíveis – não os mais baixos.

Podemos comparar o ato de conceder permissão, descrevendo interações, como autorizar um dentista a obturar um canal. E podemos confirmar para nossos filhos o que eles ouvirão em outros lugares – que se não obtiverem um consentimento claro de seus parceiros românticos, eles se arriscam a cometer um crime. Mas não devemos parar por aí ao conversarmos com nossos jovens sobre a configuração de suas vidas amorosas. Aceitar uma permissão mínima como padrão adequado reforça exatamente a fonte de ansiedade que estamos tentando superar: a estrutura de ataque-defesa.

Vendo as coisas sob um ângulo um pouco diferente: embora o consentimento seja uma via de mão dupla, quando usamos o termo costumamos ter em mente o fato de que os garotos superam fisicamente as garotas; portanto, precisam ter certeza de terem obtido o consentimento antes de ir em frente. Assim, quando falamos sobre a atividade sexual enfatizando o consentimento, as garotas captam a estressante mensagem de que os garotos irão pressioná-las a fazerem certas coisas, e que elas precisam agir como vigias, determinando o que eles podem e não podem fazer. Quando, em vez disso, falamos em termos de chegar a um acordo entusiástico com o parceiro, substituímos um modelo estressante por um modelo feliz.

O EMPODERAMENTO SEXUAL PROTEGE A SAÚDE SEXUAL

Uma vez que tenhamos esclarecido para nossa filha que ela e seu parceiro romântico precisam estar entusiasticamente de acordo a respeito de seus planos, o que vem em seguida? Nossa filha precisa perguntar a si mesma se a atividade combinada envolve riscos que precisam ser administrados. Podemos dizer: "Quando você e seu parceiro decidem juntos o que desejam fazer, o próximo passo é analisar os riscos que você poderá enfrentar. Sentimentos poderiam ser feridos se seus planos significam uma coisa para você e outra para seu parceiro? Você poderia contrair uma infecção transmitida sexualmente? Você poderia engravidar?".

Alguns adultos podem se preocupar com o fato de que falarem sobre administração de riscos *depois* de falarem sobre as delícias do romance físico pode desencorajar as garotas a priorizarem sua saúde sexual. Pesquisas, entretanto, sugerem o oposto. Garotas que não conhecem bem seus próprios desejos sexuais são as que têm mais probabilidades de fazerem concessões em seus relacionamentos físicos, de concordarem com atividades sexuais que realmente não desejam e de colocarem a própria saúde em risco. Estudos também demonstraram que as jovens que aceitam os papéis convencionais dos gêneros – como a ideia de que, no quarto, os garotos comandam e as garotas os seguem – têm menos probabilidades de usarem contraceptivos ou de tomarem medidas para prevenir uma infecção sexualmente transmissível que as garotas que questionam as convenções a respeito dos gêneros.

Na Holanda, a sexualidade dos adolescentes tem sido vista há muito tempo como algo saudável e natural, tanto para os garotos quanto para as garotas, e é discutida abertamente em casa e na escola. Estudiosos citam esses fatores culturais – assim como o sistema de saúde holandês, que proporciona livre acesso a contraceptivos – quando explicam o fato de que a Holanda tem o mais baixo índice de adolescentes que engravidam, dão à luz ou abortam entre os países industrializados; enquanto os Estados Unidos têm os mais altos índices. De fato, pesquisadores que entrevistaram universitárias americanas e holandesas a respeito de sua educação sexual e atitudes em relação a sexo, revelaram uma nítida diferença entre as estudantes dos dois países. Por exemplo, uma universitária holandesa explicou que ela e seu parceiro haviam "planejado juntos até que ponto desejavam ir e que tipo de proteção usariam", enquanto uma universitária americana declarou que se preparar para a possibilidade de fazer sexo, como comprar camisinhas, por exemplo, "significa que a garota é uma puta."

Eis o balanço final: garotas que acham que não têm direito a usufruir da sexualidade física têm uma vida romântica marcada pelo estresse e pela ansiedade. Durante as carícias preliminares, preocupam-se com suas reputações em vez de se divertirem. Deixam os garotos ditarem os termos do compromisso, em vez de defenderem o que querem e não querem fazer. E não tomam as medidas necessárias para protegerem sua saúde sexual, transformando a intimidade física em um evento de alto risco e preocupante. Quando encorajamos nossas garotas a se sentirem à vontade para desenvolver a própria sexualidade é mais provável que tenham a vida amorosa segura e agradável que merecem.

OS MUITOS MODOS DE DIZER NÃO AO SEXO

Nós não devemos, claro, tratar nossas filhas como se elas, mas não os garotos, fossem as responsáveis por controlar o que acontece em sua vida amorosa heterossexual. Mas existirão ocasiões em que sua filha desejará fazer menos do que seu parceiro. Infelizmente, a mesma estrutura ataque-defesa baliza as orientações que atualmente damos às garotas e jovens mulheres sobre como lidar com esses momentos. Rotineiramente, ensinamos a elas que a única forma de recusar uma atividade sexual é com um claro, direto, seco e lacônico "não".

As orientações provêm em parte, assim como no caso do consentimento, dos tribunais. Que são com certeza bem-intencionados, pois a ocorrência ou não de um estupro muitas vezes depende do quão claramente uma jovem declarou que não queria fazer sexo. E também provêm em parte, acredito, de nosso fundamental desejo de ensinar às nossas filhas que elas não devem nada aos homens e têm direito – principalmente no que diz respeito a seus próprios corpos – a usar seu poder de veto sem quaisquer constrangimentos ou desculpas. Há, entretanto, muitos modos inequívocos para que elas expressem o que querem e o que não querem. Priorizar um despojado "não" em detrimento de todas as outras opões nem sempre é algo prático, na vida real.

Recentemente fui lembrada disso quando almocei com uma perspicaz colega, que trabalha no centro de aconselhamento de uma universidade. Nós nos encontramos em um fast-food de comida asiática. Após pegarmos nossas bandejas e nos instalarmos em um recanto tranquilo, conversamos sobre nossas famílias e nossos planos para o verão. De súbito, ela mudou de assunto abruptamente e disse com certa inquietação: "Atualmente, estou vendo uma coisa acontecer o tempo todo, gostaria de saber se você está vendo isso também". O nível de preocupação em sua voz me deixou tensa. Ela prosseguiu: "Durante os últimos anos, tenho recebido muitas e muitas jovens que procuram ajuda porque estão desgostosas consigo mesmas por terem feito sexo com alguém quando não queriam fazer sexo". Acenei para que ela continuasse. "Elas sabiam o tempo todo que não queriam ir até o fim, e vêm ao meu consultório por duas razões. Elas se sentem violentadas; e estão perturbadas e confusas por nunca terem dito 'não' nem feito nada para expressar sua recusa."

Minha colega descreveu o cenário típico: uma de suas clientes ia a uma festa, à noite, em uma associação de alunos ou em outro lugar. Logo se via conversando e flertando com um cara. A partir daí as coisas se precipitavam até o ponto em que a jovem, ainda fazendo o que queria, concordava em ir até o quarto dele ou o dela para dar uns amassos. Enquanto as carícias avançavam, a jovem percebia duas coisas: que não queria ir até o ponto de ter relações sexuais; e que seu parceiro emitia sinais claros, não verbais, de estar absolutamente convencido de que a noite se encaminhava para isso.

Minha colega explicou que suas clientes estavam lhe dizendo que "decidiam 'ir até o fim' porque não se sentiam capazes de despachar os caras. Era como se achassem que, ao concordarem em ir para a cama com eles e começarem a dar uns amassos, tivessem assinado um contrato que não se sentiam em condições de romper".

Confirmei para minha amiga que sabia exatamente do que ela estava falando, pois uma universitária segundanista, inteligente e controlada, havia recentemente narrado um incidente muito parecido em meu consultório. "Fiquei impressionada", disse eu à minha colega, "com o fato de que ela estava quase tão desgostosa consigo mesma por ser uma 'feminista fracassada' quanto com o sexo não desejado que aceitara." Minha colega assentiu energicamente. "Sim, são mulheres fortes – não são tímidas. E chegam ao meu consultório furiosas consigo mesmas, pois sabem que deveriam ter se manifestado. Mas ficam com medo de ferir os sentimentos do cara ou de serem enxovalhadas no *campus* por serem 'enrolonas', caso dissessem 'não'; portanto, acabam concordando com uma coisa que sabem que não querem."

Os rapazes envolvidos em tais situações, claro, não devem pensar que a ausência de um explícito "não" signifique "sim"; e as jovens não devem se preocupar, caso o cara reaja mal à sua honestidade. Felizmente, muitas escolas de Ensino Médio estão se esforçando de forma ativa para ajudar seus alunos a adotar uma ética sexual e aprender como se comunicar de forma aberta e efetiva com seus parceiros sexuais. Mas nossas filhas não podem ficar sem fala quando, por acaso, estejam trocando amassos com alguém que não busque um consenso a cada etapa do caminho.

Devemos continuar a alertar nossas filhas sobre seu direito de interromper as carícias sexuais com um puro e simples "não", quando sentirem que essa atitude se enquadra na situação. Mas bons conselhos não vão longe o bastante. Existem, na verdade, diversas maneiras de exprimir um inquestionável "não", e não queremos que as jovens entendam que só há um meio de recusar o sexo. Eis por que: minha colega descreveu dois cenários comuns, nos quais jovens mulheres não estavam dispostas a dizer um claro "não". O primeiro foi quando uma delas não quis ferir os sentimentos do cara; e o segundo foi quando a outra teve medo de fazer isso e receber uma resposta hostil.

Na verdade, cada cultura possui elaboradas normas de recusa, pois é muito difícil contrariar as expectativas de alguém (e vamos presumir que isso seja particularmente verdadeiro quando esse alguém, que pode ou não estar sóbrio, acha que está na iminência de ter relações sexuais). Nas interações diárias, recusas diretas são raras, por serem em geral humilhantes. A maioria das pessoas rechaça propostas, dizendo alguma coisa gentil, expressando comiseração ou oferecendo alguma explicação como desculpa. Em outras palavras, quando uma conhecida a convida para um jantar social, você não responde: "Não. Não quero ir ao seu jantar". É muito mais provável que você diga: "Ah, obrigada pelo convite. Infelizmente não poderei ir, pois já tenho planos para essa noite".

Distribuir lacônicos "nãos" faz muito mais sentido quando nossas filhas não estão preocupadas com os sentimentos do interlocutor ou com a própria segurança (por exemplo, quando recebe um convite de alguém sinistro em uma festa). A partir daí, podemos ampliar nosso conselho básico ("Simplesmente diga não") e mostrar às meninas como rechaçar alguém, protegendo, ao mesmo tempo, o relacionamento com a pessoa, caso seja isso o que elas queiram fazer. Podemos informar à nossa garotas que pode haver momentos, durante a interação, em que ela tenha que dizer: "Olha, isso está bem divertido. Eu não sei bem o que você tem em mente, mas não quero fazer sexo hoje".

Ficamos preocupadas, é claro, com a possibilidade de que uma recusa cortês seja interpretada com um "não" ambíguo. Ou como o início de uma negociação. Ou mesmo como um "sim". Na verdade, as três opções exigiriam uma deliberada deturpação da situação. Dito isso, podemos explicar à nossa filha que ela é livre para ignorar sua polidez se sua recusa tiver que ser repetida. A essa altura, ela deve ser encorajada a avaliar o momento para decidir se vai recorrer a um "não" direto ou a outra estratégia interpessoal, como desculpa.

De fato, pesquisadores que entrevistaram mulheres jovens a respeito de suas estratégias para evitar o sexo descobriram que as desculpas (não estar se sentindo bem, medo de gravidez, por exemplo) constituíam uma tática amplamente utilizada. As mulheres da amostragem acham importante "suavizar o golpe", de modo a evitar que o parceiro fique "realmente aborrecido". Isso nos leva a nosso segundo cenário: aquele em que uma jovem receia que uma recusa brusca possa provocar uma resposta colérica. Estudiosos da linguagem observam que recusas diretas, sobretudo quando desacompanhadas de explicação, são muitas vezes consideradas rudes ou hostis, em função das convenções claramente estabelecidas por nossa sociedade, que favorecem esmagadoramente respostas indiretas quando se quer dizer "não".

Deborah Cameron, uma linguista feminista, destaca que as evidências disponíveis põem em dúvida a eficácia do "não sem rodeios" já mencionado, o qual, em essência, aconselha as jovens a "agravar a ofensa de ter rejeitado o assédio de um homem verbalizando suas recusas de um modo extremamente desafiador". Se uma jovem tem medo de que um sujeito não aceite bem sua recusa, por que deveríamos instruí-la a rechaçá-lo de um modo que pode parecer insultuoso?

Minha colega e eu demoramos nesse almoço; estávamos relutantes em sair do restaurante antes de descobrir uma forma de ajudar as jovens em nossos consultórios. Ela conversara com suas clientes acerca dos planos que teriam para futuras interações sexuais, e ouvira que elas, como as mulheres da pesquisa, endossavam a ideia de ter uma desculpa já preparada, um alçapão retórico, como "lembrarem-se" de repente de que precisavam sair, pois haviam prometido se encontrar com uma amiga em determinada hora, ou dizerem que não queriam fazer sexo porque não estavam se sentindo bem. Enquanto minha amiga e eu bebíamos o restante do gelo derretido através de canudinhos, percebi que ambas estávamos um tanto desassossegadas a respeito da solução proposta por suas clientes. Por um lado, estávamos ansiosas para ajudar aquelas jovens a evitar atividades sexuais que não desejavam; por outra, estávamos relutantes em sugerir que elas usassem desculpas para evitar fazer sexo.

Por diversas semanas, após esse encontro, fiquei matutando sobre nossa conversa do almoço. Pensando mais no assunto, descobri que há muito tempo tenho encorajado adolescentes a inventarem desculpas para não fazerem coisas como, por exemplo, fumar maconha em uma festa. E fiz isso porque oferecer uma desculpa – como "Eu gostaria, mas meu pai disse que vai testar meus cabelos, procurando sinais de drogas" – permite que os adolescentes recusem as ofertas de seus colegas sem gerar represálias sociais. Colocando as coisas de outra forma: esperar total transparência em situações sociais complicadas é uma coisa impraticável para a maioria das pessoas. Eu prefiro que as adolescentes digam uma mentira inofensiva a que façam algo perigoso, ou que não queiram fazer, por falta de uma forma conveniente de rechaçar a proposta.

Nada disso exime os parceiros românticos de nossas filhas da responsabilidade de reconhecer qualquer forma de "não" pelo que de fato é. Mas nem sempre uma garota saberá, no início, até que ponto ela e seu parceiro se comunicarão bem. Consequentemente, precisamos preparar nossas filhas tanto para a vida amorosa que terão, segundo esperamos, quanto para a vida amorosa inesperada que às vezes poderão ter.

No final, concluí que as orientações que damos às meninas é tão boa quanto seus resultados. Se nossas filhas nem sempre se sentirem à vontade para verbalizar um sincero "não" quando se virem numa situação íntima altamente carregada, é hora de nos tornarmos criativas e ampliar nossas orientações de modo a incluir um "não" gentilmente disfarçado ou alguma desculpa. Ao fazermos isso, devemos enfatizar que as garotas podem usar diferentes abordagens em diferentes contextos, mas todas devem ser inequívocas. "Eu realmente não estou a fim de fazer sexo", não é uma desculpa adequada, mas "Eu não estou a fim de fazer sexo hoje, mas gostaria de sair com você de novo" é. "Acho que eu tenho que me encontrar com uma amiga" não funciona; mas "Acabei de me lembrar de que prometi à minha amiga que iria levá-la em casa. Tenho que sair agora" funciona. Nossas filhas só podem aproveitar suas vidas românticas caso se sintam à vontade ao expressarem o que de fato desejam, e dispõem de meios práticos para evitar fazer coisas que não desejam.

A VERDADE SOBRE A CULTURA DO SEXO CASUAL

Histórias como a que minha colega contou sugerem que o cenário romântico mudou drasticamente nos anos recentes, sobretudo entre universitários. Agora ouvimos histórias sobre uma "cultura do sexo casual", em que o romance, o namoro e o compromisso foram substituídos por rápidos encontros sexuais. Filmes e programas de televisão populares com certeza fizeram sua parte ao sugerir que avulsas noturnas, sexo sem compromisso e trepadas amigas (sexo regular com um parceiro, sem laço algum emocional) são agora a norma entre os jovens. E as pesquisas de fato demonstram que, comparada aos jovens do final da década de 1980 e do início da década de 1990, a geração de hoje tem mais probabilidades de fazer sexo no contexto de uma amizade íntima ou um encontro casual do que na época referida, com seus casais bem definidos. Mas em sua maior parte, a realidade do sexo casual não é como propagam os meios de comunicação.

Os resultados de pesquisas em grande escala nos dizem que, com relação aos jovens de 18 a 25 anos de duas ou três décadas atrás, a geração mais recente não relata ter tido mais parceiros sexuais desde os 18 anos, mais parceiros no último ano ou ter feito sexo com mais frequência. Na verdade, os jovens de hoje parecem fazer menos sexo que seus predecessores. Para jovens de 20 a 24 anos nascidos nas décadas de 1980 e 1990, 15% não fizeram sexo desde os 18 anos, em comparação a apenas 6% dos que nasceram na década de 1960. Da mesma forma, amostragens revelam que o número de alunos do secundário que relataram serem virgens cresceu de 46%, em 1991, para 60%, em 2017. Não sabemos ao certo por que os adolescentes e jovens adultos de hoje são sexualmente mais conservadores do que gerações anteriores, mas sabemos o seguinte: as estatísticas não combinam com a percepção de que estamos criando uma turma altamente promíscua.

Infelizmente, porém, as pesquisas também nos dizem que nossas filhas (como quase todo mundo) acreditam nas manchetes. Quando solicitados a estimar o número de jovens de 18 e 19 anos, em todo o país, que tiveram mais de um parceiro sexual no último ano, jovens de 18 a 25 anos responderam que bem mais da metade, embora o número real fosse apenas 27%. Do mesmo modo, quando solicitados a estimar quantos alunos se envolveram em sexo casual – de beijos a relações sexuais – com mais de dez pessoas quando cursavam uma faculdade, os jovens novamente responderam que bem mais da metade, sendo a porcentagem real apenas 20%.

Para os românticos, tenho boas notícias. Uma recente pesquisa com universitários revelou que 63% dos homens e 83% das mulheres disseram que prefeririam um relacionamento romântico tradicional a sexo sem compromisso. E outro estudo demonstrou que apenas 16% dos jovens de 18 a 25 anos disseram que sua sexta-feira ideal envolveria sexo casual, enquanto os restantes 84% declararam que prefeririam fazer sexo no contexto de um relacionamento sério ou até, na mesma situação, fazer outra coisa.

Não é uma coisa boa, para nossas garotas, adotar a crença amplamente aceita de que fazer sexo com pessoas praticamente estranhas é o que os universitários fazem. Assim sendo, devemos informar às nossas meninas que apenas uma pequena minoria de alunos transa com mais de um parceiro a cada ano, e que a maior parte dos jovens, tanto homens quanto mulheres, prefere um relacionamento significativo a uma avulsa noturna.

Acreditar nos meios de comunicação no tocante à cultura do sexo casual pode criar um verdadeiro desassossego em nossas filhas. Aquelas que não querem participar de intimidades físicas sem envolvimento emocional podem achar que há alguma coisa de errada com elas por não desejarem acompanhar a tendência (na verdade inexistente). Além disso, algumas jovens que não se sentem bem com o sexo casual podem decidir concordar com ele, apesar de tudo, porque acreditam ser essa a norma. Mas como conseguem isso? Muitas vezes, com o auxílio do álcool.

CORAGEM LÍQUIDA

Entregar-se a intimidades físicas com alguém praticamente desconhecido deixa a maioria das pessoas ansiosa; embebedar-se é um dos modos mais fáceis de se reduzir a ansiedade. Assim, não é surpresa alguma que, na maior parte do tempo, o sexo casual envolva álcool. Pesquisas revelam, de forma consistente, que o sexo casual entre universitários costuma ocorrer após alguns drinques; e que quanto mais uma universitária bebe, mais provavelmente terá um encontro sexual passageiro e mais longe as coisas irão.

No sexo casual, curiosamente, a bebida está mais associada às mulheres do que aos homens. Embora algumas jovens possam beber para aliviar sua apreensão a respeito do sexo casual, também há outras explicações ligadas à ansiedade. Estudiosos destacam que algumas mulheres que gostariam de ser sexualmente ativas se sentem menos inibidas pelos duplos padrões de nossa cultura quando bebem. Na mesma linha, as jovens podem evitar que suas atividades sexuais sejam condenadas se puderem atribuir seu comportamento ao fato de estarem bêbadas.

O uso do álcool e o sexo casual estão tão interligados e as jovens podem nem questionar a relação entre ambos. Portanto, cabe aos adultos ajudá-las a refletir por que a bebida e o sexo casual parecem andar de mãos dadas.

Uma oportunidade única se apresentou a mim há alguns anos, quando eu estava me reunindo com um grupo de meninas do nono ano. Estávamos conversando sobre a grande quantidade de álcool às vezes disponíveis nas festas, e as muitas razões para que elas tomassem cuidado com a bebida. No meio da conversa, uma das garotas astutamente observou (na sofisticada linguagem que muitas meninas de catorze anos já dominam): "Também, depois que as pessoas bebem a questão do consentimento pode ficar complicada".

"Bem, sim", disse eu. "Mas vamos dar um passo atrás. Se vocês vão dar uns amassos com alguém para que ficarem bêbadas?" Depois continuei: "Não há muitas coisas na vida que a gente faça só por divertimento. Na minha pequena lista estão assistir televisão, tomar sorvete e namorar!".

As meninas entenderam para onde eu estava me encaminhando e bondosamente me deixaram à vontade. "Se vocês vão trocar carícias com alguém, quero que aproveitem ao máximo. De outra forma, realmente, não faz sentido. Pensem assim: se eu lhes oferecesse sorvete, vocês nunca diriam: 'Tudo bem, vou tomar um pouco, mas primeiro me deixe ficar um pouco bêbada'. Certo? Vocês não iriam querer embotar a experiência sensorial dessa iguaria. Namorar é a mesma coisa. Se vocês acharem que precisam de um drinque antes de namorar alguém, eu gostaria que perguntassem a si mesmas o que está acontecendo."

Embora estivéssemos gracejando, as garotas entenderam meu ponto de vista. Meu objetivo era fazer duas coisas ao mesmo tempo. Em primeiro lugar, eu queria encorajá-las a passar mais tempo questionando o elo entre beber e namorar. Em segundo, eu sempre tento não perder uma oportunidade de conversar com as jovens sobre o fato de que suas vidas amorosas devem ser cheias de prazer. Quando conseguimos transmitir essa mensagem, ajudamos as garotas a acolher, em vez de sentir vergonha, seus interesses românticos. E quando elas se sentem no controle, na esfera romântica, não precisam da coragem líquida para trocar carícias.

OS EFEITOS DA PORNOGRAFIA MASSIFICADA

Embora o cenário sexual para os jovens pareça, sob muitos aspectos, mais conservador que em anos recentes, há uma notável exceção. Serviços de banda larga generalizados tornaram a pornografia pesada acessível a qualquer pessoa com acesso à internet. Pesquisas estão demonstrando que, por volta dos dezessete anos, 93% dos garotos e 62% das garotas já foram expostos a pornografia – e o que eles estão vendo não é erotismo leve. Nas palavras dos pesquisadores que estudam os efeitos da pornografia sobre as relações sexuais, "a pornografia comercial vigente se aglutinou em torno de um roteiro relativamente homogêneo que envolve violência e degradação da mulher".

Estatísticas dão conta de que o consumo de pornografia vem mudando o que ocorre no cenário íntimo. O resultado é uma diminuição nos encontros sexuais normais e um aumento nas práticas comuns de roteiros obscenos, como o intercurso anal. Um estudo que acompanhou o comportamento sexual de universitárias ao longo de muitos anos revelou que a frequência do sexo anal passou de 26% em 1999 para 46% em 2014. Nas entrevistas, as mulheres entrevistadas estabeleceram uma ligação direta entre a pornografia que seus parceiros consumiam com o que eles desejavam fazer na cama. Como explicou uma participante: "Os homens querem... sexo anal, que é comum no meio pornográfico e acaba sendo fácil pensar que o sexo anal é padrão, mas não é". Embora algumas mulheres tenham relatado que gostam do sexo anal, as pesquisas normalmente descobrem que a maioria delas o consideram uma experiência negativa ou dolorosa.

O problemático impacto da pornografia sobre as jovens foi exposto para mim por uma universitária caloura que conheço desde quando ela estava no sétimo ano. Encontrei-me pela primeira vez com Kim quando seus pais estavam se separando e ela, precocemente, perguntou-lhes se poderia conversar com uma psicóloga sobre o divórcio deles. Nós nos reunimos regularmente durante vários meses, até sua vida familiar encontrar um ritmo novo e tranquilo. Depois disso, ela passou a se consultar comigo periodicamente – sempre por iniciativa própria – até se formar no Ensino Médio. Certo dia, no final do outono, encontrei uma mensagem de voz de Kim, em que ela me perguntava se poderia marcar uma consulta quando voltasse para casa, no feriado do Dia de Ação de Graças. Como eu a conhecia há muito tempo, estava ansiosa para saber o que ela estava fazendo.

Instaladas em meu consultório, colocamos a conversa em dia. Kim, uma jovem que normalmente cuidava bem de si mesma, parecia um tanto malvestida. Mas disse que estava feliz na faculdade, de modo geral, e que as coisas corriam bem na família.

"O que trouxe você aqui?", perguntei.

O rosto de Kim se anuviou. De repente, ela pareceu desesperada e envergonhada. "Acho que estou tendo problemas com bebida."

"Certo", disse eu gentilmente, esperando parecer solidária e sem preconceitos. Após uma pausa, acrescentei: "Você pode me dizer o que a deixou preocupada?".

"Quando as aulas começaram, eu não bebia muito. Às vezes eu tomava um pouco de cerveja ou fumava uma erva em festas, mas não fazia maluquice. Em outubro, conheci um cara e gostei dele. Então comecei a andar com ele e os amigos dele. Eles vão a muitas festas", disse ela. "Com eles, eu comecei a beber mais. Eu realmente gostei muito de Chris, mas não queria virar uma dessas taradas. O que eu fazia mais era passar as noites dos fins de semana metida em jogos de beber com ele e os amigos dele." Notando meu olhar perplexo, Kim explicou: *"Taradas* é como nós chamamos essas *putinhas* que vivem dando em cima dos garotos".

Assenti, mas não falei nada. Kim estava claramente ansiosa para continuar.

"Depois de algumas semanas saindo com Chris e seus amigos, um dia acabei ficando no quarto dele. Fizemos sexo. Simplesmente aconteceu. Não me lembro de muita coisa. Eu estava mesmo chumbada. Foi o que me fez ficar de pé atrás com a bebida. Mas não estou arrependida de ter transado com ele. Gosto dele e continuamos a andar juntos."

Kim percebeu o olhar ligeiramente preocupado em meu rosto.

"Eu tomo pílula por causa da acne desde o Ensino Médio, então não vou engravidar. De qualquer forma, não sei em que pé estou com Chris – eu gostaria que nós tivéssemos um relacionamento mais firme, mas não quero fazer muita pressão. Agora passo a maioria das noites bebendo e esperando que ele me envie uma mensagem para que eu vá me encontrar com ele. Enquanto espero, tento acalmar meu nervosismo."

Finalmente entrei na conversa. "Parece que sua situação com Chris faz você se sentir como se estivesse andando sobre areia movediça. Seria uma descrição exata?"

"Sim. É exata. Ele é um bom garoto e eu gostaria de fazer outras coisas com ele, além de transar. Mas não quero ganhar fama de ser uma garota que fica atazanando os caras."

"Você e Chris estão em contato nesse feriado de Ação de Graças? Vocês mantêm contato quando não há nada físico acontecendo?"

"Hum, não tenho notícias dele desde que o feriado começou. As coisas entre nós ficaram meio estranhas. Nós fizemos sexo algumas vezes, mas na noite antes dos feriados ele quis tentar sexo anal. Eu conheço muita gente que está nessa, mas fiquei muito assustada." Depois, como se fosse uma coisa perfeitamente normal, Kim acrescentou: "Então eu enchi a cara bem depressa e nós fizemos a coisa. Acho que ele gostou, mas posso lhe dizer que de jeito nenhum eu faria aquilo sóbria". Ela fez uma pausa. "Entrei em contato com você na manhã seguinte. Esse porre realmente me assustou."

Senti-me grata por conhecer Kim há tanto tempo, pois a situação era delicada. Eu não queria afastá-la de mim com toda a força da minha reação ao que ela havia me contado, mas também não queria reagir pifiamente, dando a impressão de que endossava aquele relacionamento destrutivo, centrado em sexo pornográfico e não claramente consensual que ela estava descrevendo.

Procurando um meio-termo, comecei cuidadosamente. "Não estou certa de que você tenha um problema com a bebida, mas acho que está enfrentando outro problema que você não está percebendo." Tomei a expressão sincera em seu rosto como uma permissão para continuar. "Sei que seu relacionamento com Chris não é um arranjo totalmente incomum." Kim assentiu. "Mas, para mim, parece uma coisa desequilibrada e causadora de ansiedade."

"Obrigada", disse ela, dando um suspiro de alívio.

"Pelo que está me contando, você não se sente à vontade para pedir a Chris o que você quer nem para lhe dizer o que não quer. Tenho a sensação de que você está se embebedando para controlar seus nervos nesse relacionamento."

"Acho que isso é verdade."

"Há outro problema também", acrescentei. "Tanto você quanto eu sabemos que não é uma coisa legal, por parte de Chris, ver sua embriaguez como um sinal verde para sexo."

Kim concordou e depois perguntou abruptamente: "Você acha que eu devo parar de beber por uns tempos?".

"Bem, com certeza isso não vai fazer mal. E nos dará oportunidade para testar duas coisas. Em primeiro lugar, se você conseguir parar de beber facilmente, pode não estar tendo problemas com bebida. Em segundo, se estar com Chris não for uma coisa boa quando você estiver sóbria, talvez seja melhor renegociar os termos do relacionamento. Ou se afastar dele."

Depois de guardar silêncio por alguns momentos, ela disse: "Sei que você tem razão, mas não sei o que dizer a respeito de Chris. Não sei como vou mudar as coisas com ele, e não estou pronta para sair fora".

"Veja", disse eu, "você está em uma posição horrível, e sua situação com Chris não é saudável. Eu sei que você sabe disso, mas às vezes é difícil lembrar que nossa vida romântica deve ser construída em torno do que nós queremos. Acho que podemos encontrar uma forma de você se mover nessa direção."

Kim e eu nos encontramos duas vezes antes de seu retorno à faculdade e deixamos marcada uma consulta para as férias do semestre, quando ela estivesse de volta. Em meados de dezembro, quando ela chegou, parecia a Kim dos velhos tempos. E foi direto ao assunto.

"Bem", começou ela, "eu mantive minha promessa de parar de beber por uns tempos... e foi em boa hora, pois era o período das provas finais... e isso realmente mudou as coisas com Chris."

"Como assim?"

"Bem" – ela fez uma pausa – "parece que nosso relacionamento, ou o que você quiser chamar, meio que terminou. Eu não tive notícias dele durante o feriado de Ação de Graças; depois que retornei ao *campus*, decidi esperar para ver se ele entraria em contato. Fiquei muito ansiosa, esperando que ele me enviasse uma mensagem... até que finalmente ele me mandou uma mensagem" – ela prendeu uma mecha de cabelos por trás da orelha – "mas basicamente era que estava a fim de transar."

Acenei com a cabeça para lhe mostrar que eu estava acompanhando.

"Ele me pediu que fosse até o quarto dele, no alojamento, e fiz isso. Mas quando cheguei, ele mal falou comigo. Foi uma coisa incrivelmente chata ficar plantada ali, com ele e os amigos dele bebendo e eu sóbria. Então, depois de algum tempo, simplesmente fui embora. Desde então não soube mais dele, e também não vou procurá-lo."

"Acho que o que eu ouvi você dizer foi que tem coisas melhores para fazer."

"Muito melhores", disse ela, com um sorriso encabulado.

"Sim", disse eu. "Também acho. O negócio é esse: suas amizades e romances devem ajudar você a sentir-se bem – e não deixá-la infeliz e ansiosa."

Quando se trata de ajudar nossas filhas a conduzirem seus relacionamentos com os garotos, sabemos o que precisamos fazer. Devemos ensiná-las a se defenderem, caso sejam intimidadas ou assediadas, encorajá-las a prestar atenção ao que desejam para suas vidas amorosas e a procurarem rapazes – tanto como amigos quanto namorados – que as tratem com o afeto e a gentileza que merecem.

Agora voltaremos nossas atenções para outra fonte comum de estresse e ansiedade para as meninas: a escola. Além de ser o lugar onde nossas garotas se deparam com muitas das tensões grupais que já examinamos, é também o lugar em que elas conhecem as substanciais pressões inerentes à vida acadêmica.

CAPÍTULO CINCO

GAROTAS
NA ESCOLA

Nunca houve uma geração mais impressionante de meninas, em termos acadêmicos, do que a constituída pelas jovens que estamos criando hoje. Desde o Ensino Fundamental até o Médio e a faculdade, as estatísticas demonstram que as garotas obtêm notas melhores que os garotos em todas as matérias. As garotas do Ensino Médio se inscrevem mais nos cursos de Posicionamento Avançado[1] do que os garotos e têm mais chances do que eles de fazerem os discursos de formatura, entrando em uma faculdade logo após o Ensino Médio.[2] Uma vez na faculdade, as mulheres superam os homens em número, além de se formarem e obterem os diplomas com notas mais altas.

Considerando os fantásticos progressos que as garotas têm feito na área acadêmica em anos recentes, não é surpresa

---

1 *Advanced Placement*, em inglês. Programa educacional americano que oferece cursos avançados para alunos do Ensino Médio. Os melhores alunos têm mais chances de obter bolsas de estudo nas faculdades que participam do programa. (N.T.)

2 Os oradores das turmas, *valedictorians*, em inglês, são normalmente os melhores alunos de cada turma. (N.T.)

alguma que nossas filhas, mais que nossos filhos, relatem que se sentem estressadas com as tarefas escolares. Ninguém deseja refrear os avanços que as jovens têm feito, mas precisamos encontrar formas de reduzir a pressão e a tensão deles resultantes. Este capítulo fará uma sistemática avaliação das forças que oprimem nossas filhas na esfera acadêmica e irá sugerir caminhos para que possamos impedir que as preocupações não as deixem prostradas.

A ESCOLA É MESMO ESTRESSANTE

Vamos começar com o exame de uma causa fundamental do estresse que atinge as estudantes: a incompreensão da verdadeira natureza do estresse – que, como sabemos, é frequentemente construtivo. Mas os adultos, em nossa cultura, às vezes acreditam erroneamente que é sempre prejudicial transmitir essa visão para nossas filhas. Na verdade, sermos empurrados para além de nossa zona de conforto é amiúde uma coisa boa; e o estresse que atinge as alunas nas escolas, em sua maior parte, é do tipo saudável. Toda a evolução ocorre mediante algum desconforto, e enviamos nossos filhos às escolas exatamente para que sejam exigidos e aprimorados.

Não há melhor metáfora para o estresse saudável nas escolas que o treinamento de força mediante uma sobrecarga progressiva. O método mais eficiente para aumentarmos nossa força é levantarmos, gradualmente, cargas cada vez mais pesadas. O termo *sobrecarga progressiva* descreve o conhecido programa de levantar repetidas vezes halteres cada vez maiores para aumentar a musculatura.

Idealmente, as escolas constituem um longo programa acadêmico de sobrecarga progressiva. Desde o dia em que uma menininha põe os pés pela primeira vez no prédio de uma escola até o dia em que ela se forma, seus professores aumentam gradualmente a dificuldade de seus trabalhos. Assim que ela domina a nova matéria, eles precisam lhe apresentar algo mais desafiador. Tudo isso é óbvio, claro. Mas muitos adultos e alunos perderam coletivamente de vista a realidade de que é aumentar a inteligência – assim como aumentar a força – é frequentemente um processo desconfortável.

Garotas que acreditam que o estresse não pode ser nunca uma coisa boa consideram a escola duplamente árdua. Sentem-se estressadas com as exigências acadêmicas (como na maior parte das vezes deveriam), mas também ficam preocupadas com o fato de estarem estressadas. Essa segunda dose de tensão psicológica é desnecessária e prejudicial. Mas eis as boas-novas: de modo a estudar a atitude mental das pessoas diante do estresse, pesquisadores dividiram algumas delas em dois grupos. Ao primeiro grupo foram mostrados vídeos que explicavam como o estresse pode beneficiar o corpo (usando como exemplo, naturalmente, o desenvolvimento muscular), aumentar a criatividade, construir relacionamentos e ajudar as pessoas a se saírem bem em momentos de aperto. O segundo grupo assistiu a vídeos que detalhavam como o estresse pode prejudicar a saúde física, o humor e a autoestima, além de paralisar as pessoas quando há muita coisa em jogo.

Quando os pesquisadores avaliaram os membros dos dois grupos, vários dias mais tarde, descobriram que os que estavam no grupo estresse-é-útil relataram melhorias no humor e na qualidade dos trabalhos que estavam fazendo.

O grupo estresse-é-prejudicial, no entanto, não relatou tais mudanças. Desses resultados, os pesquisadores inferiram que as más notícias sobre o estresse apenas reforçavam o que muitas pessoas já acreditam, portanto nada mudou para aquelas pessoas. Na mesma linha, um estudo diferente revelou que adolescentes com a crença de que o estresse aumenta a capacidade ficavam muito menos aborrecidos com as dificuldades da vida – como a mudança de uma amiga ou a separação dos pais – do que adolescentes com uma visão de que o estresse é nocivo.

Nossa visão do estresse pode até alterar como nossa mente e nosso corpo reagem a situações estressantes. Em ainda outra pesquisa, um grupo de participantes foi informado que uma resposta corporal ao estresse, o coração disparando, na verdade aumenta o desempenho. Um segundo grupo foi informado que o melhor modo de administrar uma situação incômoda era ignorar a fonte do estresse. Depois disso, participantes dos dois grupos foram acoplados a monitores cardíacos e convidados a fazer algo que quase todo mundo acharia irritante: fazer uma palestra a uma plateia hostil, composta por membros do grupo de pesquisa, que fizeram cara feia, cruzaram os braços e franziram a testa enquanto ouviam os participantes.

Esse estudo, como o anterior, descobriu que é útil acreditar nos benefícios do estresse. Os participantes que foram instruídos a receber com agrado o estímulo fisiológico decorrente de situações adversas acharam a palestra menos esgotante – e até tiveram uma resposta cardiovascular mais benéfica – que aqueles que foram instruídos a ignorar qualquer coisa que os deixasse apreensivos.

Podemos aplicar essas revelações em casa, com nossas filhas, através de nossas respostas às suas reclamações a respeito da escola. Quando nossas meninas são jovens e dizem que não gostam de determinada professora, reclamam de certos colegas ou demonstram horror a certas matérias, podemos dizer: "Sim. Entendi. Sempre existirão aspectos da escola que não agradarão você. Mas descobrir como ter sucesso mesmo em condições ruins é parte importante do que aprendemos na escola".

À medida que nossas filhas amadurecem, podemos usar termos mais diretos no tocante ao modelo de sobrecarga progressiva adotado na educação. Costumo enfatizar para as garotas do Ensino Médio que sua exigente programação escolar tem o propósito de lhes fortalecer a musculatura e a resistência mentais, das quais precisarão para a vida após a formatura. Vale notar que, para muitas alunas, o nono ano é como uma orientação, uma introdução relativamente suave à musculação cerebral que terão pela frente. No primeiro colegial, porém, basicamente trancamos as meninas na sala de musculação para que sigam um puxado programa de treinamento intelectual. O segundo ano do Ensino Médio é muito mais difícil do que estamos inclinados a reconhecer. É quando as alunas começam a estudar Química, matéria que exige a aplicação de seus dotes matemáticos em uma área nova, com um conjunto de princípios totalmente desconhecidos. Alunas ambiciosas do segundo colegial geralmente se inscrevem em sua primeira turma de Posicionamento Avançado – com sua carga de trabalho em nível universitário – durante o segundo ano do Ensino Médio.

A intensa musculação mental enseja que as garotas suportem as grandes exigências, quando sua carga de trabalho aumenta ainda mais (muitas vezes mediante a adição de aulas de Posicionamento Avançado); muitas delas enfrentam o desafio de se submeterem a provas de posicionamento universitário. Para as que visam o Ensino Superior, o último ano do Médio eleva o programa de treinamento mais um degrau, adicionando exigências universitárias ao currículo normal. Quando pensamos nas escolas desse modo, vemos com novos olhos como nossas filhas se transformam de potros competentes nos cavalos de corrida que vemos na formatura.

É importante veicular as exigências da educação em termos positivos e capacitadores, pois isso realmente muda o modo como nossas filhas vivenciam a escola. De combalidas passam a se sentir fortalecidas (ainda que frequentemente exaustas). Felizmente, há mais de uma forma de fazê-lo. Às vezes, podemos comemorar os incríveis progressos alcançados pelas meninas graças a seus exercícios intelectuais. Outras vezes, podemos conversar com nossas filhas sobre como seu tempo ocioso, assim como na musculação, é um componente essencial de seu crescimento.

Quando visito escolas pelo país, frequentemente pergunto a grupos de alunas do Ensino Médio como se recuperam de um dia ruim. Recebo sempre uma ampla gama de respostas. Algumas tiram sonecas; outras dão um bom grito embaixo do chuveiro. Algumas brincam com o cachorro da família; outras limpam o quarto, assistem ao episódio favorito de algum programa pela enésima vez, dão uma corrida ou ouvem músicas alegres, raivosas ou tristes.

Descobri que as estudantes adoram refletir sobre suas estratégias preferidas para se recompor; após discutirmos um monte de exemplos, sempre termino os encontros frisando dois pontos. Primeiro: estratégias de recuperação são altamente pessoais. O que funciona para uma pessoa não funciona necessariamente para outra. Cada qual precisa descobrir o que funciona melhor para si mesma. Segundo: ter uma boa estratégia de recuperação é vital, pois, assim como na musculação, o crescimento intelectual depende tanto do trabalho duro quanto do reabastecimento das reservas.

Em suma, a forma como as garotas enxergam o estresse mental decorrente do aprendizado faz uma grande diferença. Alunas com a atitude mental de que o estresse é nocivo enxergam a escola como um desmoralizante carrossel onde os fardos rotineiros interferem no objetivo de se sentirem relaxadas. A visão de que o estresse é útil pode transformar a escola em um programa benéfico e progressivo que aumenta a capacidade mental alternando períodos de exigências com intervalos de recuperação. Em termos mais simples, as manhãs de segunda-feira são muito melhores para a garota que acha útil o estresse do que para a que vê o estresse como prejudicial.

AS GAROTAS, PRINCIPALMENTE, PREOCUPAM-SE COM A ESCOLA

Precisamos fazer tudo o que pudermos para modelar o modo como nossas filhas percebem os desafios acadêmicos, pois as garotas, mais que os garotos, preocupam-se com a escola. Pesquisas consistentemente revelam que, embora obtenham notas melhores que os garotos, as garotas passam mais tempo se afligindo com seu desempenho escolar. Para explicar esse paradoxo, os estudiosos destacam que nossas filhas, mais que nossos filhos, levam a sério o *feedback* que recebem dos professores. As meninas tendem a ver suas notas como uma medida reveladora do que podem ou não conseguir. Os meninos, ao contrário, tendem a encarar a escola com mais confiança. Mesmos quando as coisas desandam, eles nem sempre levam o *feedback* para o lado pessoal, ou atribuem o mau desempenho a algo que acham possível corrigir facilmente. Por exemplo, os garotos têm mais probabilidades que as garotas a dizer a si mesmos que não "tinham se esforçado para valer" quando fizeram aquela prova desastrosa.

Podemos ajudar nossas filhas a levar menos para o lado pessoal o desempenho escolar – e ao mesmo tempo ajudar aquelas que, de fato, precisam levar mais a sério –, lembrando que suas notas em trabalhos e provas apenas refletem seus conhecimentos da matéria no dia em que foram testados. Se elas quiserem aumentá-los, podem se esforçar mais. Anos de pesquisas confirmam: alunos que notam que podem aumentar sua capacidade trabalhando com mais afinco ou mais objetivamente se preocupam menos com seu desempenho escolar que os que acreditam que suas notas produzem um placar de conhecimentos que não podem mudar.

Há outra razão pela qual as garotas, mais que os garotos, sentem-se estressadas com a escola: elas se preocupam mais em agradar os adultos. Em outras palavras, nossas filhas muitas vezes acham que ficaremos desapontados se elas não se distinguirem academicamente. Como mãe de duas meninas, passei um bocado de tempo pensando que nós, como adultos, deveríamos fazer a respeito dessa bem fundamentada revelação das pesquisas. Minhas reflexões sobre o tópico me forçaram a admitir o fato de que às vezes, para fazer minhas filhas perseverarem na escola, eu faço "cara de desapontada" (como elas a chamam).

Eis como funciona a coisa. Minhas filhas são hábeis soletradoras. No Ensino Fundamental, de forma rotineira, acertavam 100% dos testes de soletração. Eu normalmente descobria esses testes quando limpava suas mochilas, quando encontrava os boletins perfeitos e dizia: "Uau! Bom trabalho! Estou impressionada!". Porém, de vez em quando, eu encontrava um teste com erros. Era então (e admitir isso faz meu corpo se contrair) que a soletradora me via estampar minha cara de desapontada. Enquanto olhava por cima da folha de papel em minha mão, meus lábios se franziam e linhas verticais surgiam entre minhas sobrancelhas. Para tornar as coisas piores, havia dias em que eu dizia com uma entonação levemente desalentada: "Oh! O que aconteceu aqui?".

Não há nada de horrível nessa interação, mas, ainda assim, não é legal. Pois eis outra coisa sobre as garotas: elas são estreitamente sintonizadas com nosso estado de espírito. Nós não precisamos mostrar irritação, nem mesmo mostrar desapontamento para que elas captem a mensagem. Queiramos ou não que isso aconteça, é fácil para elas sentir que estão nos decepcionando.

Uma dinâmica semelhante pode ocorrer na escola, onde até os professores mais atenciosos podem involuntariamente mostrar sua decepção aos alunos. Imagine a interação de um professor atarefado e uma aluna aplicada que pede um adiamento para a entrega de um trabalho, pois passou as três últimas tardes no hospital visitando sua avó, que estava muito doente. Mesmo concedendo o adiamento, o professor precisa apenas hesitar antes de dizer: "Bem, sim... tudo bem... de quanto mais tempo você precisa?", com apenas um vestígio de tensão na voz para a garota se arrepender de ter feito o pedido.

Por que nós, adultos, fazemos isso? Eu realmente duvido que algum de nós deseje, conscientemente, recorrer à tática passivo-agressiva de usar como arma o sentimento de culpa. Ao mesmo tempo, sinto-me mais desgastada do que gostaria, e sei que isso vale para muitos professores também. Um teste com erros ou uma solicitação para entregar um trabalho mais tarde pode representar trabalho extra para o adulto envolvido, ou requerer um ajuste no programa de um professor. A maioria dos pais e professores sabe, em algum nível, que bastam sinais sutis – uma expressão facial ou uma leve hesitação na resposta a um pedido – para que as garotas entrem nos eixos e parem de sobrecarregar nossas agendas já superlotadas.

Embora tais interações sejam pequenas, seu impacto não é. Há o risco de criar a dinâmica, bem comum, na qual uma garota é motivada a ter um bom desempenho na escola porque teme desapontar os adultos. Sou a favor de ajudar as garotas a encontrarem modos de se sentirem inspiradas academicamente. Mas esse não é um deles.

É claro que nem todas as garotas se sentem ansiosas com seu desempenho escolar por conta do *feedback* que recebem de pais e professores. Algumas têm pais que são totalmente solidários; mesmo assim impuseram a si mesmas altíssimas expectativas na área acadêmica. E mesmo as escolas que esperam até o final do Médio para dar notas às vezes descobrem que várias garotas, irritadamente, convertem cada *smiley* ou *star* em seus trabalhos no que acham que será a letra equivalente[3].

Independentemente da fonte de sua ansiedade, a conduta das garotas na escola não deve ser ditada pelo medo. O aprendizado produzido pela ansiedade cria o evidente problema emocional de fazer da escola uma fonte permanente de estresse. E também cria um enorme problema de ordem prática. Quando a ansiedade dá as cartas, as garotas muitas vezes se tornam alunas tremendamente ineficientes. Por quê? Porque garotas que se preocupam muito com a própria eficiência acadêmica por vezes descobrem que estudar lhes acalma os nervos. Quanto mais nervosa se sente, mais uma garota estudará. No sexto ano, isso pode representar cinquenta *flashcards* para uma prova, quando vinte bastariam. No oitavo, ela poderá adotar um compulsivo ritual noturno para aliviar seus medos escolares; um sistema de cores para reescrever suas anotações de todas as aulas. Em casos extremos, algumas garotas decidem que só podem relaxar quando seu trabalho estiver "perfeito".

A pior coisa que a abordagem hiper-consciensiosa que algumas garotas desenvolvem para amenizar sua ansiedade na escola é que às vezes essa funciona. Graças à "superpreparação servil", como alguns estudiosos a chamam, essas atormentadas alunas obtêm em geral médias excelentes.

Nos últimos tempos, as táticas de estudos geradas pelo medo, extremamente antieconômicas, têm sido reforçadas por três lados: a preparação exagerada ajuda as garotas a aliviar suas preocupações com o desempenho escolar; produz,

---

3 Nas escolas dos Estados Unidos, a média das notas obtidas em cada semestre são representadas por letras. (N.T.)

de modo consistente, ótimos resultados, que as deixam orgulhosas e lhes garantem elogios por parte de pais e professores. Para as alunas motivadas pelo medo, esse sistema é incomparavelmente eficaz. Até se tornar insustentável.

Natalie, uma primeiranista do Ensino Médio, inteligente e muito estudiosa, marcou uma consulta comigo por e-mail. Em sua mensagem, contou-me que vivia chorosa, mas não conseguia entender o motivo. Agendamos uma data conveniente para ambas e logo estávamos juntas em minha sala sob a escadaria. De pronto, pude notar que algo estava errado. Embora fosse uma garota esfuziante, normalmente, a animação de Natalie parecia ter desaparecido.

"Qual é o problema?", perguntei, sem tentar disfarçar a preocupação.

"Não sei", respondeu Natalie melancolicamente, "e isso é parte do problema." Seus olhos se encheram de lágrimas. "Está vendo? Eu choro sem razão alguma."

"Tudo bem", tranquilizei-a. "Vamos ver o que está havendo."

Natalie assentiu, enquanto enxugava as lágrimas com as costas da mão. Eu tenho lenços de papel num local acessível às alunas, mas já notei que elas frequentemente evitam pegar um. É como se precisar de um lenço sugerisse uma perda total do controle dos nervos.

Quando Natalie cruzou os tornozelos e se inclinou na minha direção, fiz as perguntas costumeiras sobre as possíveis causas daquela fragilidade, mas não encontrei sinal algum. As coisas corriam bem com seus amigos, em sua casa e na escola. Natalie estava ansiosa para passar o recesso de primavera com seus primos que moravam na Califórnia e tinha planos para, no verão, retornar ao seu acampamento favorito. Procurei outros sinais de depressão, além das lágrimas, mas constatei que estava batendo à porta errada. Por fim, recorri à pergunta que haviam me ensinado no início do meu curso, para ser usada quando não se consegue compreender a natureza de um problema descrito por um cliente. "Você pode me descrever um dia típico seu?", pedi.

No início não houve surpresas. Natalie contou que acordava por volta de 6h30 da manhã, ia para a escola, assistia às aulas normalmente e pegava o ônibus de volta para casa. Depois ela disse: "Começo a fazer os trabalhos de casa por volta das seis da noite e termino mais ou menos 1h ou 1h30 da manhã."

Eu a interrompi na hora: "Espere... o quê?!".

"Sim", disse Natalie. "Quer dizer, às vezes eu termino por volta de meia-noite, mas geralmente não."

O currículo da Laurel é exigente, mas não fazia sentido para mim que Natalie precisasse ficar acordada até tão tarde todas as noites. Assim, perguntei quais as matérias que ela estava estudando e qual a quantidade de trabalhos de casa cada uma exigia. De repente, o problema se revelou.

"Bem, eu não tenho muitos trabalhos de cada matéria todas as noites. Mas acho que, se eu gastar determinada quantidade de tempo em uma delas, preciso gastar a mesma quantidade de tempo nas outras matérias também."

"Espere aí", disse eu, incrédula, "quer dizer que você está gastando uma ou duas horas estudando cada matéria – mesmo para as matérias que não têm trabalho agendado?".

"Sim", explicou Natalie com irritação, "eu sempre fiz isso. Se não tenho trabalho de casa em alguma matéria ou nada para estudar, repasso minhas anotações ou crio um guia de estudos para a próxima prova."

"Certo", disse eu em tom compreensivo. "Mas você está me dizendo que só está dormindo cerca de cinco horas por noite. Não é de admirar que esteja tão lacrimosa. O programa que você está descrevendo derrubaria qualquer um."

"É verdade", disse ela, adotando uma postura mais suave com relação a si mesma. "Mas o que vou fazer?"

"Precisamos reconsiderar sua estratégia para o trabalho em casa. Não há dúvida alguma na minha cabeça de que você pode aprender tudo o que precisa e obter as mesmas notas que está obtendo agora trabalhando muito menos."

Uma nuvem de suspeita e uma centelha de esperança passaram pelo rosto de Natalie.

DE CÊ-DÊ-EFE A ESTRATEGISTA

Eu já conhecia os pais de Natalie e sabia que eram boas pessoas. Embora ambos fossem muito bem-sucedidos em suas respectivas áreas, nada me levava a crer que tivessem estabelecido expectativas exorbitantes para a filha ou mesmo expressado desapontamento com seu desempenho escolar. Meu palpite era que eles não faziam ideia de que ela permanecia acordada até tão tarde ou de que seu sistema de estudos, que funcionara muito bem no Ensino Fundamental, assumira proporções monstruosas no Médio. Embora o opressivo sistema de estudar em casa, adotado por Natalie, produzisse notas impressionantes, teria, obviamente, que ser interrompido.

O que me preocupava era que Natalie já estava na metade no segundo ano, pois não é fácil conseguir que garotas bem-sucedidas afrouxem as estratégias de estudo – mesmo as realmente exaustivas – que lhes proporcionam as médias que almejam. Natalie entendeu que precisava de mais sono, porém se mostrava relutante em abrir mão do modo como lidava com os estudos em casa. Mas estava disposta a fazer um acordo. Ela tinha médias altíssimas em inglês, e sabia que escrever era algo fácil para ela; portanto, concordou em não mais dedicar tempo extra para essa matéria. Quando nos encontramos, uma semana depois, ela me atualizou a respeito de como estavam as coisas.

"Não foi nada demais maneirar no inglês", disse ela, "e acho que nem a professora notou que eu mudei meu modo de estudar."

"Isso é ótimo", respondi. "E você está dormindo mais?"

"Sim, um pouco... Provavelmente ainda não tanto quanto preciso", disse ela, remexendo-se na cadeira. "Mas está melhor do que estava."

Embora Natalie tenha concordado com minha sugestão de diminuir a intensidade dos estudos em casa, notei que era ambivalente a esse respeito, e se preocupava com a possibilidade de que eu a encorajasse a estender a outras matérias o que estava fazendo no inglês... o que, é claro, era exatamente minha intenção. Eu suspeitava, no entanto, de que se adotasse uma postura agressiva só iria inspirar resistência. Decidi então me arriscar.

"Você tem um irmão, não tem?", perguntei a ela, lembrando-me de ter me encontrado com sua família em um jantar, alguns anos antes.

"Sim, ele está terminando o Ensino Médio em Hawken", respondeu ela, referindo-se a uma escola particular mista em nossa comunidade.

"Ele estuda como você?"

"Oh, não, meu Deus!", disse ela, quase dando uma gargalhada diante o que lhe parecia uma pergunta absurda. "Quer dizer, ele obtém notas muito boas, mas faz um monte de outras coisas e gosta de jogar videogames à noite."

"Então como ele obtém boas médias?", perguntei.

"Sinceramente, acho que ele calcula o mínimo que precisa estudar para obter a nota que precisa em uma prova ou trabalho, e só faz isso", acrescentou ela com um leve ar de desdém. "Quando ele era mais novo", acrescentou ela, "se ferrou algumas vezes – demorou demais para terminar um projeto ou achou que estava preparado para uma prova, e não estava. Eu lembro de algumas discussões em casa por causa disso." Ela fez uma pausa e disse com uma ponta de admiração: "Mas parece que isso já não acontece há algum tempo".

Em tom conspirativo, insinuei: "Seu irmão deve ter descoberto alguma coisa".

As pesquisas demonstram que as garotas são mais disciplinadas que os garotos, em seus trabalhos escolares, o que explica porque obtêm médias melhores. De fato, muitos pais que criam filhas e filhos têm observado uma dinâmica semelhante à que Natalie descreveu. Seus filhos passam discretamente pelas escolas enquanto suas filhas despertam admiração em todas as matérias. Vale notar que os adultos pouco questionam essas tendências. Aceitamos o fato de que os garotos, muitas vezes, adotam uma abordagem calculada no tocante à atuação escolar: esforçam-se o mínimo necessário para que os adultos os deixem em paz. E aceitamos que as garotas não somente fazem tudo o que lhes pedimos como também, frequentemente, excedem nossas expectativas. Ambos os padrões são problemáticos. Os garotos, enquanto grupo, não estão se saindo tão bem nas escolas como deveriam; enquanto as garotas, enquanto grupo, acabam muitas vezes estressadas por sua meticulosa e ineficiente abordagem aos estudos acadêmicos.

No que se refere aos trabalhos escolares, precisamos incentivar nossas filhas a serem mais como nossos filhos, e vice-versa.

Para Natalie, eu disse: "Sei que os adultos frequentemente falam em termos negativos a respeito de hábitos de estudo como os de seu irmão". Ela assentiu, para confirmar que sabia do que eu estava falando. "Dizemos que eles não se esforçam o suficiente ou que não fazem as coisas direito. Mas tenho a impressão de que seu irmão usa uma abordagem bem tática para seus estudos."

Como sugeri antes, não é fácil convencer alunas sérias a modificar seus métodos escolares. Durante muito tempo encorajei garotas como Natalie a "afrouxar um pouco", ou a "ir devagar", ou a "não serem tão duras consigo mesmas". Essas conversas nunca correram bem. Na verdade, muitas vezes senti que a aluna com quem eu estava conversando se sentia ofendida com minhas orientações. As meninas, em sua maioria, são bem-comportadas demais para criticar os adultos por suas tolices. Mas comecei a desconfiar que, se pudesse ler a mente da garota a quem estava aconselhando, eu ouviria: "Você está brincando? Apenas utilizo a mesma abordagem disciplinada que sempre utilizei nos meus trabalhos escolares – e estou obtendo boas notas; e você vem me falar que estou fazendo a coisa errada?!". As coisas melhoraram depois que descobri a palavra tática, que diz o que as meninas precisam ouvir: elas podem continuar a ter sucesso ao mesmo tempo em que se tornam mais eficientes.

A utilidade da palavra foi confirmada pela resposta não defensiva de Natalie.

"É", disse ela, "meu irmão não se preocupa tanto quanto eu... mas ele e eu obtemos basicamente as mesmas notas."

"Você construiu um grande alicerce na escola", comentei com admiração. "Você desenvolveu uma incrível ética de trabalho, e é muito respeitada pelos professores. Creio que o próximo passo, para você, é tornar seu método mais simples, para obter as médias que precisa. Já está funcionando para você em inglês, e acho que poderá funcionar em outras matérias também." Natalie não concordou entusiasticamente comigo, mas também não manifestou discordância.

EFICIÊNCIA ENERGÉTICA NA ESCOLA

A experiência de anos de trabalho com jovens como Natalie influenciou minha atuação como mãe. Mais que tudo, comecei a perceber que não queria esperar até minhas meninas chegarem ao Ensino Médio para lhes falar sobre serem táticas na escola. Já observei muitas alunas laboriosas e conscienciosas achando que precisarão pisar fundo no acelerador em todas as matérias e o tempo todo. Elas podem conseguir suportar esse nível de esforço no início; mas se esta for a *única* forma de estudar na escola, elas chegarão ao limite quando estiverem na metade do Ensino Superior, se não antes.

Como, em termos práticos, podemos ensinar as garotas a adotarem a eficiência energética na escola? O primeiro passo é ter uma conversa aberta com nossas filhas que estejam no Ensino Médio sobre que nível elas pretendem atingir. Caso sua garota se mostre descontraída com relação às notas, é improvável que a escola seja, para ela, uma enorme fonte de ansiedade e estresse. Nesse caso, você poderá ter que especificar quanta energia *você* gostaria que ela empregasse. Mas se sua menina disser sem hesitação: "Quero ter média A em todas as matérias", você terá que lhe dar algumas instruções.

A primeira coisa que deve dizer é: "Bem, sou totalmente a favor das médias altas, mas espero que você não se *dedique* igualmente a todas as matérias, mesmo que esteja obtendo boas notas, de modo geral". Parece algo estranho para afirmar, mas aprendi com a experiência que as garotas podem acalentar duas concepções errôneas: a de que devem sempre dedicar força total aos trabalhos escolares; e a de que devem se dedicar igualmente a todas as matérias.

Existem garotas, é claro, que, de fato, adoram tudo na escola, mas alunas assim são bem raras. A maioria das jovens tem matérias preferidas e matérias que apenas toleram.

Infelizmente, tenho conhecido garotas que se aferram à ideia de que "boas alunas" se sentem motivadas por qualquer matéria e depois censuram a si mesmas por não se empolgarem com todos os trabalhos. Após refutar essa ideia inútil, você pode conversar com sua filha a respeito da distribuição tática de seus esforços acadêmicos.

Você poderá dizer: "Nas matérias que lhe agradam, você descobrirá que é fácil trabalhar duro. Se você adora o assunto e tem tempo para se dedicar a ele, vá em frente! Mas nas matérias que não lhe agradam, ou quando você estiver sem tempo para estudar a fundo as que lhe agradam, calcule quanto trabalho será necessário entender o conteúdo ou obter a média que você deseja. E então, pare aí".

Embora eu afirme rotineiramente que precisamos ajudar as meninas a se sentirem à vontade para poupar energia sempre que puderem antes de chegar ao Ensino Médio, não tem sido tão fácil apostar no que eu mesma digo. Quando minha filha mais velha estava no oitavo ano, começou a estudar um ramo da matemática que ocupava uma quantidade desproporcional do tempo que dedicava aos trabalhos de casa. Ela é uma aluna consciente e, em março, comecei a perceber que seu nível de estresse estava subindo, pois ela tentava manter seu alto rendimento em todas as outras matérias, mesmo dedicando um tempo excessivo à Matemática. Eu sabia o que precisava fazer.

"Bem", disse eu, enquanto lavava os pratos do jantar, "qual é sua média, no momento, em estudos sociais?".

De seu lugar à mesa da cozinha, minha filha respondeu: "Acho que estou com 98%".

"É o que eu pensava." Coloquei um prato na lavadora e comecei a esfregar uma panela. "A essa altura do ano, você acha que conseguiria obter Bs em todos os seus trabalhos de estudos sociais e ainda terminar com um A na matéria?"

"Provavelmente."

"Então, em estudos sociais", disse eu, "acho que você pode começar a pisar no freio. Poupe suas energias para a Matemática."

Eu estava lavando a louça e congratulando a mim mesma quando ela fez uma pergunta que realmente me pôs à prova.

"Mas e se, no final do ano, eu ganhar um A em Estudos Sociais, mas só um 'satisfatório', em vez de 'excelente', por esforço?"

Foi bom eu estar de frente para a pia e de costas para ela, pois tive que lutar contra todas as minhas células de boa menina, favorita da professora e primeira aluna para me obrigar a dizer confiantemente: "Não haverá problema se você aprender tudo o que tiver de aprender".

Ela me testou novamente.

"E se eu estiver errada? E se eu diminuir o ritmo em Estudos Sociais e acabar prejudicando minha média?"

Apertando o cabo da panela até os nós dos meus dedos ficarem brancos, obriguei-me a usar uma entonação prosaica. "É para isso que serve o Ensino Médio. Não há tanta coisa em jogo quanto haverá mais tarde. Então, agora é a hora de diminuir efetivamente o ritmo quando você puder e de acelerar quando precisar. Por que você não faz uma experiência para ver o que acontece?"

Também tenho me esforçado para me lembrar dos momentos em que poderia, no passado, ter utilizado decepções como oportunidades para conversar com minhas meninas a respeito do direcionamento de suas energias na escola. Agora, quando descubro um exercício não tão perfeito na mochila da minha filha mais nova, tento me manter serena enquanto digo: "Essas palavras são mesmo traiçoeiras! Você já aprendeu como soletrá-las ou quer alguma ajuda minha ou do papai?". Quando ela quer se desculpar por alguma média baixa, eu simplesmente digo a ela que as notas simplesmente mostram onde ela precisa trabalhar mais e onde não precisa. "Você faz provas", eu digo, "para saber como direcionar seus estudos na direção certa."

Em condições ideais, as escolas e os professores também deveriam fazer sua parte. Se pensarmos em uma garota hipotética pedindo um prazo maior para entregar um trabalho, eis a resposta que eu gostaria que o professor lhe desse: "Você está indo muito bem na minha matéria, então vou ser flexível. Se ainda quiser escrever a dissertação, pode me entregar quando estiver pronta. Mas eu sei que você leu o livro e o entendeu; então, se preferir que sua nota da próxima dissertação valha o dobro, pode deixar esta pra lá. Acho que o momento agora é de você estar com sua avó". Pode parecer uma resposta inviável, e nem todos os professores têm essa flexibilidade a respeito do que exigem de cada aluno, mas há muitas outras formas de os professores fazerem sua parte no sentido de proteger as garotas de sua tendência a se esforçarem em demasia na escola.

Considere, por exemplo, este cenário comum: uma garota às vezes faz trabalhos para obter créditos extras em uma matéria na qual já tem média A. Em meu mundo ideal, a professora deveria tentar descobrir o que está ocorrendo. A menina gosta tanto da matéria que pretende se dedicar ao curso sempre que puder? Ou – mais provavelmente – tem medo de que, se não fizer cada trabalho apresentado, a professora ficará desapontada com ela? A menos que a garota explique que gosta demais do assunto, cabe à professora dizer: "Olhe, a essa altura é pouco provável que você caia para a média B na minha matéria. Portanto, acho que você deveria usar o tempo que está gastando para obter créditos extras para se divertir, estudar outras coisas ou até dormir mais".

AJUDANDO AS GAROTAS A DESENVOLVEREM COMPETÊNCIA E CONFIANÇA

Entendo que estou propondo uma mudança bastante radical no modo como orientamos as garotas a abordar os estudos. Mas há muita coisa em jogo. Quando permitimos que nossas filhas sistematicamente se esforcem demais, elas desenvolvem toneladas de confiança em sua ética de trabalho e nenhuma confiança em seus talentos. Antes de se formarem, as garotas precisam saber que podem contar com ambas as coisas.

Baixa autoconfiança pode ter consequências reais e altamente negativas para elas em seu trajeto da escola até o mundo profissional. Investigando por que as mulheres nem sempre vão tão longe profissionalmente quanto poderiam, as jornalistas Katty Kay e Claire Shipman descobriram que exibir confiança parece ser pelo menos tão importante para o sucesso quanto ser competente. A descrição que fazem de locais de trabalho onde os homens detêm a maior parte das posições importantes lembra, incrivelmente, o que sabemos acerca de como os garotos e as garotas atuam nas escolas: "Homens pouco qualificados e despreparados não pensam duas vezes antes de agir. Mulheres muito qualificadas e muito preparadas, em um número excessivo, ainda se refreiam. As mulheres só se sentem confiantes quando são perfeitas. Ou *praticamente* perfeitas".

Se pensarmos bem no assunto, as escolas funcionam como fábrica de autoconfiança para garotos. Quando obtêm notas baixas, os garotos não levam esses insucessos para o lado pessoal; e quando obtêm notas altas, tendem a se orgulhar de seus feitos, tenham sido conquistados com muito esforço ou não. Bons resultados – sobretudo após um esforço mínimo ou moderado – dão aos garotos a tranquilizadora sensação de que eles são fundamentalmente capazes e de que podem sair-se bem quando a situação for crítica.

Garotas exigentes e perfeccionistas podem ter experiências opostas na escola. Elas nunca descobrem o que podem fazer caso se esforcem pouco, pois nunca se esforçam pouco! Mesmo quando registram um sucesso após outro, as garotas podem atribuir suas realizações à única coisa que conhecem: sua incrível disciplina e disposição para se prepararem mais que o necessário. Essa abordagem esgotante as ajuda a serem bem-sucedidas na escola, mas pode prejudicá-las mais à frente. De fato, Kay e Shipman relataram que quando os diretores da Hewlett-Packard (HP) procuraram saber por que havia tão poucas mulheres nos altos cargos de gerência da empresa, descobriram que as funcionárias só se candidatavam a esses cargos quando achavam que tinham 100% das qualificações exigidas. Os homens, por sua vez, apresentavam-se quando achavam que tinham 60% dos requisitos.

Existem, é claro, homens que vão surpreendentemente longe alicerçados pela confiança em sua exígua capacidade, mas esses não são os modelos que estamos procurando. Devemos voltar nossa atenção para caras capazes como o irmão de Natalie, que usam seu período na escola para equacionar quando precisam trabalhar duro e quando podem recorrer a seus talentos. Quando entram no mundo profissional, eles se sentem confiantes, pois literalmente passaram anos testando os limites de sua capacidade, calibrando constantemente sua noção de quanto trabalho terão que fazer para obterem sucesso. Nossas filhas deveriam chegar ao mundo profissional da mesma forma. Elas *precisam* saber quando será necessário recrutar a força bruta de sua ética de trabalho e quando poderão se sair bem confiando apenas na inteligência. Queremos que nossas meninas desenvolvam talentos reais, de modo a saber como trabalhar duro, quando for preciso, *e* a acreditar que seus talentos as ajudarão a enfrentar desafios.

COMBATENDO A ANSIEDADE NAS PROVAS

A ansiedade nas provas não tem um diagnóstico reconhecido como o transtorno de ansiedade e o transtorno de pânico. Na verdade, o termo se refere ao fato de que as garotas muitas vezes se veem nervosas diante de avaliações, e isso pode minar seu desempenho escolar. Com frequência, as garotas administram sua ansiedade nas provas ajustando o modo de se preparar para elas. Nossas filhas nem sempre têm alternativas de preparação, principalmente quando submetidas às frequentes provas exigidas pelo estado[4] que podem ser estressantes, demoradas e fora de seu controle. Mas quando nossas filhas precisam se preparar por conta própria para os testes, elas tendem a rever suas anotações, reler material e destacar passagens nos textos. Em sua maior parte, esses métodos são perda de tempo. De fato, uma ampla pesquisa a respeito da eficácia das técnicas de

---

4 *State-mandated examinations*, em inglês. Provas realizadas em escolas públicas americanas para que essas possam receber verbas públicas. (N.T.)

estudo revelou que as estratégias de estudo preferidas pelos alunos estão longe de serem eficientes.

Então, o que funciona?

Prática espaçada e provas simuladas. Em outras palavras, as garotas não devem comprimir todo o estudo em uma só sessão, e devem encontrar modos ativos de lidar com o material da prova, como fazer perguntas a si mesmas em vez de apenas rever passivamente a matéria. Não espere até que sua filha tenha desenvolvido um anormal apego a sua caneta marcadora para informá-la desse segredo. Vou dizer novamente: as garotas não gostam de abrir mão de estratégias escolares que pareçam estar funcionando.

Quando a época de provas chegar, encoraje sua filha a começar seus estudos vários dias antes e a iniciar seus preparativos com uma prova simulada – que poderá ser encontrada no final do livro escolar ou on-line. Ela mesma também poderá preparar uma. Se tirar a nota máxima, desenvolverá confiança em sua capacidade. A partir daí poderá se dedicar a outros trabalhos ou relaxar. Se, como é mais provável, ela não conseguir responder corretamente a todas as questões, o modelo de prova a ajudará a se concentrar no material que precisa dominar. É nesse ponto que a prática espaçada entra em jogo. No dia seguinte (ou alguns dias depois, se houver tempo de manobra), ela deverá fazer outra prova simulada para verificar o que ainda precisa aprender.

Em resumo, as alunas aprendem melhor quando se dedicam à matéria com afinco, deixam-na de lado um pouco e depois retornam a ela. Já tendo respondido a perguntas desafiadoras dentro do mesmo assunto, ficarão menos ansiosas na prova de verdade. Quando se trabalha com um material novo e difícil, é um salto muito grande passar da simples leitura do material à resolução de perguntas difíceis sobre o assunto; é por esse motivo que, quando fazem apenas uma revisão do material, as meninas frequentemente ficam ansiosas na época dos exames. Para frisar esse ponto para as alunas da Laurel School, eu às vezes brinco com elas dizendo que se um dia elas fizerem provas para avaliar sua capacidade de revisar anotações ou realçar textos em livros, eu gostaria que elas se preparassem fazendo essas coisas. Até lá, no entanto, espero que elas se preparem para as avaliações praticando o que de fato lhes será pedido nas provas.

Ao conversar com sua filha sobre a utilidade dos testes práticos, você poderá lhe explicar que jamais pediremos que ela pule das primeiras leituras de uma peça para a noite de abertura sem ter feito nenhum ensaio. E nunca lhe pediremos para pular da iniciação a um esporte para um jogo importante sem lhe dar bastante tempo para participar de treinos. Em suma: rotineiramente esperamos que as meninas aprendam coisas novas, testem na prática o que aprenderam e então – somente então – apliquem seus conhecimentos em situações em que algo importante esteja em jogo.

Embora uma preparação inadequada seja uma das causas da ansiedade das garotas antes das provas, achar que outras pessoas pensam que ela não terá êxito também é. Considerando o fato de que as meninas são verdadeiras usinas na escola, cabe-se perguntar por que alguém acharia que elas enfrentariam desafios acadêmicos que não possam vencer. Infelizmente – e espantosamente – pesquisas revelam que até hoje existe um forte e persistente preconceito contra garotas e mulheres jovens nas áreas de matemática e ciências.

As garotas constituem metade dos alunos de cálculo no Ensino Médio, superam os garotos em número nos cursos de ciência do Posicionamento Avançado e, geralmente, obtêm melhores notas que os rapazes nos cursos de Matemática e Ciências desde o Ensino Fundamental até a formatura nas faculdades. Mesmo assim, pesquisas publicadas nos últimos anos revelam que alguns professores ainda acham que Matemática é mais fácil para os garotos que para as garotas, não obstante o fato de que as meninas estão obtendo notas e médias equivalentes. Nas universidades, 60% dos estudantes de Biologia são mulheres, embora os rapazes que estudam nessa área presumam, erradamente, que suas colegas não estão se saindo tão bem quanto eles.

Em outro estudo recente, os pesquisadores pediram a professores universitários que avaliassem currículos para um cargo de gerente de laboratório. O currículo, inventado pela equipe de pesquisas, supostamente pertencia a um aluno de Ciências. Pediu-se, então, aos professores que avaliassem a competência do candidato, que estimassem que probabilidades haveria de lhe oferecerem o cargo, que determinassem um salário inicial e que indicassem quanta orientação profissional estariam dispostos a lhe oferecer. Usando um clássico projeto de pesquisa, metade dos professores examinou o currículo submetido por um estudante chamado John e a outra metade analisou um currículo idêntico, mas submetido por uma estudante chamada Jennifer.

Espero que vocês estejam sentados.

Os professores de Ciência foram mais propensos a classificar "John" como competente e a dizer que o contratariam, que lhe concederiam um salário maior que o de "Jennifer" e que o orientariam em sua carreira. Mesmo professores de Biologia foram preconceituosos com relação a "Jennifer", não obstante o fato de que, como sabemos, as mulheres constituem a maior parte de seus alunos. O mais incrível é que as professoras foram tão propensas quanto os professores a favorecer "John". Ou seja, apesar da boa atuação das garotas e jovens mulheres em áreas tradicionalmente masculinas, muitos de seus professores – e até alunos das mesmas turmas – ainda continuam a subestimá-las.

Seja paciente, pois aí vêm outras más notícias. Ser discriminada na escola pode provocar ansiedade e prejudicar as notas nas provas. Anos de pesquisas dão conta de que as garotas e jovens mulheres às vezes se preocupam com a possibilidade de que os resultados de suas provas acabem reforçando a crença de que não são tão capazes quanto os rapazes, quando se trata de Matemática e Ciências. Como era de se esperar, a própria preocupação ocupa neurônios e solapa o desempenho escolar. Como um todo, as garotas lutam contra o chauvinismo em áreas tradicionalmente dominadas pelos homens; as garotas que pertencem a minorias raciais têm de enfrentar também estereótipos negativos avassaladores a respeito de sua inteligência, os quais podem corroer seu desempenho em qualquer matéria. Em suma, preconceitos nas salas de aula têm sérias consequências acadêmicas.

Agora, enfim, algumas boas notícias: podemos proteger as meninas dos impactos causados pela discriminação se as ajudarmos a compreender que serem alvos de discriminação pode deixá-las nervosas, concordem ou não com os estereótipos negativos. Pode parecer que falar sobre os preconceitos enfrentados pelas garotas apenas tornaria as coisas piores; mas, na verdade, contribui para salvaguardar seu desempenho nas provas. Quando as meninas e integrantes de minorias sentem as baixas expectativas, mas não percebem que estas podem causar ansiedade nas provas, procuram outras razões para explicar seu estado de nervos. Infelizmente, por vezes presumem que estão tensas por não saberem bem a matéria ou porque a prova é mais difícil do que pensavam. Tão logo essas ideias assumem o controle, as notas das garotas começam a despencar.

Se você suspeitar de que sua filha sente a responsabilidade de vingar seu gênero ou sua raça com as notas nas provas, encontre um tempo para dizer: "Sei que você realmente quer se sair bem, não apenas por você, mas para que outras pessoas não a subestimem. Isso é ótimo se proporciona motivação, mas também pode criar uma pressão extra. Se você sentir que está ficando nervosa, não permita que preocupações a respeito do que outras pessoas possam pensar prejudiquem sua oportunidade de mostrar o que sabe". Por fim, se você teme que sua filha possa realmente acreditar no estereótipo de que os garotos superam as garotas em Matemática e Ciências, fale a ela sobre as montanhas de pesquisas que evidenciam o contrário. Sabe-se que substituir um estereótipo negativo falso por um fato positivo verdadeiro reduz a ansiedade nas provas, protegendo assim o desempenho.

NEM TODAS AS GAROTAS APRENDEM COMO AS ESCOLAS ENSINAM

A escola já é estressante o suficiente para alunos que podem contar com seu trabalho duro para obter médias decentes. Portanto, não deve ser surpresa alguma que o mundo acadêmico, por vezes, pareça deveras angustiante para garotas cujos cérebros não estão programados para aprender como as escolas geralmente ensinam. Como as vidas de nossas filhas estão organizadas quase inteiramente em torno de seus estudos, elas logo percebem quando sua capacidade para ler, escrever ou resolver problemas matemáticos não está se desenvolvendo no mesmo ritmo que a de suas colegas.

Garotas com transtornos de aprendizagem e atenção muitas vezes se saem bem na escola, mas percebem que seus esforços não obtêm os resultados esperados. Por conseguinte, perdem tempo se aborrecendo, achando que estão decepcionando seus pais e professores, ou que suas imperfeições serão "descobertas". Esses medos ajudam a explicar os elevados índices de transtornos de ansiedade que percebemos em garotas com transtornos de aprendizagem e de atenção. Uma vez mais, o nervosismo turva o pensamento, o que cria uma situação escolar difícil, que é ainda pior para garotas com perfis de aprendizagem não convencionais.

Assim que um transtorno de aprendizagem ou de atenção é reconhecido, podemos ajudar as garotas a lidar com o mal-estar de se sentirem em descompasso na escola. Infelizmente, podemos negligenciar ou demorar a reconhecer os desafios de aprendizagem quando ocorrem em garotas. Um estudo realizado com alunos do segundo e terceiro colegial revelou que garotos e garotas têm a mesma probabilidade de terem problemas de leitura, mas garotos que precisam de avaliação e apoio são encaminhados pelos professores aos setores competentes com *muito* mais frequência. Quando os meninos se sentem frustrados na escola, muitas vezes tumultuam as aulas e chamam atenção; as meninas, pelo contrário, tendem a sofrer em silêncio enquanto tentam cobrir as lacunas de seu aprendizado.

Frequentemente deixamos de notar o déficit de atenção ou transtorno de hiperatividade em meninas, em parte pelo fato de que são mais propensas a serem desatentas do que excessivamente agitadas ou impulsivas. Já vi garotas muito bem-comportadas cursarem até o Ensino Médio antes de serem diagnosticadas com um antigo problema de atenção. Sem obterem a ajuda que merecem, por fim desmoronam, devido à tensão de trabalharem duas vezes mais que os colegas para compensarem as informações que perdem durante as aulas. Quando uma garota passa um monte de tempo se torturando a respeito de suas notas, evitando certos trabalhos ou estudando com extrema dificuldade, num esforço para acompanhar os outros alunos, precisamos descartar a possibilidade de que ela tenha um problema de aprendizagem ou atenção antes de fazer qualquer outra coisa. Para isso, os pais precisam conversar sobre suas observações com os professores dela ou, possivelmente, obter um diagnóstico com um profissional no sentido de descobrir o que está acontecendo.

Garotas com transtornos de aprendizagem ou de atenção precisam de suporte em várias frentes: atenção especial por parte dos tutores, adaptações na sala de aula e talvez medicamentos. Nem todas as escolas e famílias, entretanto, têm acesso a esses recursos essenciais; e até as que têm não se livram dos desafios emocionais que acompanham um diagnóstico de transtornos de aprendizagem ou de atenção. Para se reconciliarem com o fato de serem diferentes dos colegas e de precisarem se afirmar na escola diariamente, as garotas ainda necessitarão de apoio por parte dos adultos, mesmo nos mais tolerantes e cuidadosos ambientes escolares.

LIDANDO COM O DIA DE TRINTA HORAS

Algumas garotas se sacrificam demais na escola por trabalharem de forma ineficaz. Outras se assemelham a cavilhas quadradas, que se desgastam tentando amoldar-se aos buracos redondos do ensino tradicional. Outras, ainda, acabam completamente prostradas, pois têm uma vida acadêmica que transpõe os limites do que até mesmo os mais eficientes e brilhantes alunos poderiam administrar. Adrienne era um bom exemplo desse último cenário.

Conheci Adrienne no final de fevereiro, quando ela estava no segundo ano do Ensino Médio. Depois que, pela terceira vez, ela pediu para ser dispensada da aula para enfrentar um ataque de pânico, a orientadora de sua escola passou meu nome para a mãe dela. Ao conversarmos por telefone, a mãe de Adrienne me disse que sua filha era excelente aluna e uma garota maravilhosa, "muito esforçada e muito sensível", segundo suas próprias palavras. Explicou-me então que sua filha, de dezessete anos, estava louca para se livrar dos ataques de pânico e poderia comparecer às consultas sozinha. Combinamos então que eu teria algumas sessões com a garota. Depois disso, sua mãe, que a criava sozinha, reuniria-se a nós para uma consulta.

Alguns dias mais tarde, vi-me no meu consultório diante de uma garota de cabelos escuros, com um rosto redondo e meigo. Quando ela começou a descrever as ondas de ansiedade que a acossavam na escola, a tensão em sua voz a fez parecer uma pessoa adulta, cansada da vida, não uma saudável garota do Ensino Médio.

Quando lhe perguntei em que poderia ajudar, ela ansiosamente explicou: "Tenho que me ver livre desses ataques. Estou bem num momento e, de repente, fico suada e me sinto tonta, com vontade de vomitar".

"Há quanto tempo isso acontece?"

"A primeira vez aconteceu durante as provas finais, pouco antes do recesso de inverno. Pesquisei ataques de pânico na internet e percebi que, sem dúvida, tinha tido um. Não tive mais nenhum outro até o reinício das aulas, em janeiro. Acho que tive mais dois ou três desde então – parece que estão cada vez mais frequentes." Enquanto brincava distraidamente com o zíper de sua jaqueta de malha polar, Adrienne acrescentou: "Às vezes, posso continuar na sala e aguentar; mas nos últimos dias tenho tido que sair da sala, senão a coisa não passa".

Pedi a Adrienne que descrevesse como era a ansiedade e, de fato, parecia que ela estava tendo clássicos ataques de pânico. Perguntei então sobre a vida dela em casa, com os amigos e como ela gostava de se divertir. Ela me contou também que tinha um irmão que estava no terceiro ano do Ensino Médio, na mesma escola. "Nós nos damos bem, eu acho – nós somos uma família muito unida, pois somos só nós três. Também tenho grandes amigas", disse ela, parecendo momentaneamente mais à vontade, "mas não ando com elas fora da escola." O peso de suas preocupações pareceu retornar quando ela acrescentou: "Não temos tempo".

"Como assim?", perguntei, manifestando minha surpresa com o fato de ela estar sugerindo que, aos dezessete anos, não tinha tempo para ter vida social.

"Bem, este é o grande ano para mim, em termos de faculdade – todo mundo fala que o segundo ano do Ensino Médio é ruim, não sei por quê." Resignada, Adrienne prosseguiu: "Mas eu quero ir para a Universidade de Stanford, então, sabe como é... é muita coisa".

"Você pode me dizer como gasta seu tempo?"

Adrienne então me falou sobre sua programação escolar – ela estava fazendo diversos cursos de Posicionamento Avançado e um de Física Avançada – e sobre sua participação no clube de oratória e debates da escola. "No momento estamos nos preparando para as eliminatórias do Estado. Eu falo de improviso sobre a situação internacional", disse ela, referindo-se a um evento em que os alunos têm trinta minutos para preparar uma palestra de sete minutos sobre um tópico atual. "Nós praticamos algumas horas depois das aulas, todos os dias, e também coleciono textos sobre o assunto no meu tempo livre."

"Tudo isso parece bem cansativo", comentei compreensivamente. "Não entendo como você consegue colocar tudo isso em um dia de 24 horas."

"Eu sei", disse ela soturnamente, "é terrível."

Adrienne explicou que sua carga horária na escola a deixava com cerca de seis horas à noite, para os trabalhos de casa. "Ah, e também tenho estudado para o ACT[5]. São algumas horas por semana. E também faço provas simuladas que nunca acabam."

Senti um aperto no estômago enquanto Adrienne, prosaicamente, enumerava tudo o que fazia. "Acho que quero

---

5 *American College Testing* – teste usado para admissões nas faculdades americanas. (N.T.)

ser médica; então, uma tarde por semana, trabalho em um laboratório na Clínica de Cleveland. No verão, trabalho em horário integral, mas sei que é muito importante demonstrar que estou realmente comprometida com as atividades extracurriculares, portanto mantenho o trabalho semanal durante o resto do ano. Exceto durante a temporada de atletismo."

"Temporada de atletismo?", perguntei. Ela percebeu que eu não via como um esporte poderia ser encaixado no quadro que ela estava pintando.

"Sim", respondeu Adrienne, remexendo nervosamente no zíper de sua jaqueta. "Começa depois da última palestra."

"Quer dizer, então, que quando os encontros do clube de oratória terminam, você não ganha uma folga?"

"Não", disse ela, fechando os olhos de um modo que anunciava uma sensação de derrota total.

Considerando que era nossa primeira sessão, e que eu queria que Adrienne retornasse, tentei desanuviar o clima. Cheia de esperança, perguntei: "E nos fins de semana, você consegue algum tempo livre?"

Paciente com minha ignorância, Adrienne respondeu: "Não. É quando nós temos os encontros de oratória. Duram o dia inteiro nos sábados... Saio de casa às 6h30 e só volto para o jantar".

"Certo!", disse eu rapidamente, sentindo-me embaraçada por ter me esquecido dos demorados encontros de oratória semanais. Depois, perguntei cautelosamente: "E nos domingos, alguma chance de você ter um tempo livre?".

"Quase sempre", disse ela melancolicamente. "Então aproveito para pôr em dia os trabalhos que não consegui fazer no sábado."

Fiquei tão estupefata com o que Adrienne estava me contando que não consegui encontrar uma base segura para nossa conversa. Assim, tentei uma abordagem que costuma dar certo com adolescentes: sinceridade total. "Só de ouvir sua programação", disse eu, em tom de comiseração, "eu me sinto como que à beira de um ataque de pânico. Sinceramente, não sei como você faz isso tudo."

Adrienne reconheceu – e aceitou – minha preocupação a respeito dos malabarismos que ela fazia. Embora eu quisesse lhe perguntar se ela *realmente* precisava manter uma agenda tão massacrante para entrar numa universidade de primeira linha, eu já sabia a resposta. O cenário das admissões para faculdades seletas mudou radicalmente nas duas últimas décadas. Atualmente, estudantes com aulas e atividades como as de Adrienne, com notas máximas em tudo e recomendações elogiosas podem se inscrever em diversas faculdades competitivas e, mesmo assim, não serem admitidos em nenhuma.

"Escute", disse eu, inclinando-me um pouco na cadeira, "é ótimo você estar dando tudo o que tem no Ensino Médio; e sei que se você quer uma oportunidade em Stanford ou numa universidade parecida você está fazendo o que precisa ser feito. Só lamento que o processo de admissões tenha chegado a um ponto tão irracional.

"Eu também. Às vezes penso que deveria simplesmente relaxar e me preocupar menos com o lugar para onde vou." Ela então acrescentou com ar sombrio: "Mas venho trabalhando tão duro e há tanto tempo que acho que seria uma idiotice desistir agora".

"Entendi. Sinceramente, não estou surpresa por você estar tendo ataques de pânico, considerando quanta pressão você vem sofrendo. Acredito que os ataques vão diminuir depois que você passar pela pior parte do processo. Enquanto isso, posso lhe ensinar algumas técnicas que a ajudarão a controlar os ataques rapidamente, de modo que você não precise sair da sala. Se isso não funcionar ou não funcionar rápido o bastante, temos outras opções."

Embora a agenda de Adrienne fosse rigorosa, eu já soubera de piores. Algumas garotas também precisam trabalhar ou cuidar de irmãos mais novos, enquanto, simultaneamente, lidam com obrigações tão exaustivas quanto as de Adrienne. Não é minha função dizer às garotas o que penso que elas devam fazer depois do Ensino Médio, mas é minha função sempre ser realista. Eis a realidade do processo seletivo para as melhores faculdades: ter alguma chance de admissão requer um esforço sobre-humano. Pais que encorajam as filhas a se candidatarem às escolas mais competitivas precisam saber muito bem o que estão lhes pedindo. E as garotas que almejam ingressar em uma escola altamente seletiva deveriam receber ajuda no sentido de entenderem que terão de trabalhar muito duro no Ensino Médio.

Dito isso, eis algumas medidas que devemos tomar para reduzir as tensões do processo de admissão nas faculdades. Em primeiro lugar, os pais precisam ter certeza de que eles e suas filhas compartilham as mesmas expectativas. Uma excelente e profunda pesquisa conduzida pela assistente social Renée Spencer e suas colegas revelou que as garotas ficam particularmente estressadas quando seus pais mantêm ambições maiores – com respeito ao ingresso em uma faculdade – do que elas mantêm para si mesmas. Se queremos que nossas filhas ingressem em faculdades seletivas, precisamos ter certeza de que elas também o desejam. Ainda que possamos nos decepcionar ao perceber que nós e nossas filhas não estamos no mesmo barco, é melhor termos com elas uma conversa aberta, ou uma negociação acerca das perspectivas acadêmicas do que proceder como se tivéssemos objetivos iguais, quando não os temos.

Em segundo lugar, os pais deveriam fazer todo o possível para evitar que suas filhas acalentem a ideia de ingressar em apenas uma ou duas escolas seletivas. No clima atual de admissões, fazer isso é como acalentar a ideia de ganhar na loteria. Uma garota tem muito menos probabilidades de se decepcionar com o desfecho dos processos de admissões para as faculdades se mantiver uma mente aberta a respeito da instituição desejada. As admissões nas faculdades, sobretudo em anos recentes, parecem frequentemente desafiar qualquer lógica. Uma garota pode ser aceita por uma faculdade para a qual tinha chances remotas e ser recusada por outra, que parecia uma escolha segura. Determinada universidade pode aceitar uma garota e recusar sua colega, que parecia uma candidata mais forte.

A loteria das admissões, muitas vezes, é complicada ainda mais pela loteria da ajuda financeira. Poucas famílias podem pagar o preço integral da faculdade, independentemente de onde sua filha se inscreva. Mas quando se considera ajuda financeira, bolsas de estudos e ofertas de empréstimos, as coisas ficam ainda mais complicadas. Teoricamente, uma garota tem algumas boas opções a considerar quando recebe as respostas das faculdades. Na prática, ela não tem como saber, no início do processo de inscrição, que opções serão essas.

Por fim, na medida do possível, precisamos pensar seriamente sobre o que mais pedimos que as garotas façam quando elas estão tentando o ingresso em faculdades que aceitam apenas uma fração dos candidatos. Eu soube mais tarde que Adrienne geralmente lavava as roupas da família, mas que sua mãe a aliviara dessa tarefa até que as temporadas de oratória e atletismo cessassem. De modo semelhante, um amigo meu, prudentemente, parou de pedir à filha que jantasse com a família durante períodos difíceis na escola. Passou então a depositar o jantar na escrivaninha em que ela estava trabalhando e a preparar o almoço dela de manhã, todos os dias, para que ela pudesse dormir mais um pouco.

As garotas, naturalmente, devem retornar às suas obrigações regulares quando sua programação passa de extenuante para racional. Isso pode se traduzir em aguardar até o verão para pedir que sua filha faça tarefas importantes; ou até que sua carga de trabalho diminua para esperar que ela compareça às apresentações da banda de seus irmãos. Mas os pais precisam entender que visar uma faculdade altamente seletiva exigirá que sua filha se dedique quase inteiramente a esse objetivo. Existem, é claro, garotas e pais que preferem não trocar uma vida equilibrada durante o Ensino Médio por uma promessa de segurança na vida adulta. Para eles, tenho boas notícias...

MUDANDO O MODO COMO DEFINIMOS O SUCESSO

Todos os pais desejam que seus filhos, ao crescerem, transformem-se em adultos com paz de espírito. Trata-se de uma meta valiosa, mas também distante e vaga, que pode nos deixar preocupados acerca do caminho que levará nossas filhas até ela. Quando queremos fazer alguma coisa hoje para acalmar nossos nervos com relação ao distante amanhã, é fácil presumir que nossa filha se sentirá segura na vida adulta se tiver dinheiro suficiente, e que terá dinheiro suficiente se for profissionalmente bem-sucedida; e que, finalmente, ela terá mais probabilidades de obter sucesso na profissão escolhida se frequentar uma universidade competitiva. Tais conjecturas são bem-intencionadas, mas o que sabemos sobre o sentimento de realização na meia-idade não as confirma.

Um estudo de 2006 a respeito da relação entre riqueza e bem-estar nos revela que a felicidade de alguém na vida adulta aumenta constantemente até a pessoa chegar a uma renda familiar de 50 mil dólares. Acima disso, ganhar mais dinheiro tem um efeito insignificante. E pesquisas sobre o que contribui para a satisfação na vida nos revela que essa gira em torno de fatores que não estão necessariamente ligados à riqueza ou ao reconhecimento profissional. Adultos com altos níveis de bem-estar sentem-se bem consigo mesmos, desfrutando a sensação de que estão progredindo, aprendendo e mantendo relações satisfatórias com outras pessoas. Adultos felizes acreditam que sua vida tem sentido e direção, medem a si mesmos pelos próprios padrões e se sentem bem-sucedidos em seus esforços.

Não existe, é claro, uma fórmula universal que nos ensine a criar filhas para que, adultas, sintam-se realizadas. Mas quando modelamos o sucesso na vida adulta em termos de bem-estar – não de grandes empreendimentos ou lucros – podemos aperfeiçoar o modo como as orientamos.

Em última análise, todos queremos que nossas garotas se sintam satisfeitas e seguras na vida adulta, independentemente de terem ou não cursado uma faculdade, da profissão que escolheram ou de quanto dinheiro ganham.

Em termos práticos, nem sempre é fácil para os pais recuar de sua fixação no sucesso acadêmico de sua filha, principalmente quando tantos de nós podem, agora, monitorar on-line o desempenho das garotas. Mas podemos mudar nossa abordagem se mudarmos nosso modo de pensar a respeito de como as garotas partem de onde estão agora para onde finalmente chegarão.

TROCANDO PROJÉTEIS POR CAMINHOS

Quando converso com as garotas e suas famílias sobre o que há à frente, elas usam frequentemente o que chamo de modelo "balístico" do futuro sucesso. Nesse modelo, a jovem é um foguete que será lançado no mundo depois que ela se formar no Ensino Médio. Seu histórico acadêmico, notas e atividades extracurriculares estabelecem as coordenadas para seu lançamento, que, caso ela pretenda cursar uma faculdade, estarão prontas por volta do outono de seu último ano. A garota e seus pais podem atravessar o Ensino Médio preocupados a respeito de qual será a trajetória final do foguete, principalmente se o ângulo de lançamento variar de um momento para outro, conforme as últimas notas e médias. Nesse modelo, as coordenadas ideais (do tipo que pode dispará-la até uma escola altamente seletiva) sugerem que seu futuro será brilhante. Coordenadas aquém do ideal (talvez do tipo que a enviará para uma faculdade não muito famosa) não a posicionam numa trajetória tão promissora.

Esse modelo, na verdade, quase não faz sentido. Muitas pessoas se lançam até faculdades altamente competitivas e depois levam vidas miseráveis. E outras, com coordenadas apenas razoáveis no Ensino Médio, levam vidas gratificantes, com ou sem altos níveis de sucesso acadêmico ou profissional. De fato, o que todos sabemos acerca de como o mundo funciona nos diz que devemos descartar completamente o modelo de foguetes. Em vez de enxergar a escola como uma plataforma de lançamento, melhor seria vê-la como a etapa inicial de um caminho longo e, em grande parte, autodeterminado. Algumas jovens seguirão uma rota linear e outras, uma rota sinuosa; algumas sairão à toda, enquanto outras caminharão lentamente. Ao longo do caminho cada garota tomará algumas decisões – e é aí que os pais podem ajudar.

Uma das minhas famílias favoritas na Laurel teve duas garotas bem diferentes formadas na escola. A mais velha era excelente aluna e ingressou numa ótima faculdade. A mais nova, pelo contrário, nunca gostou das matérias básicas que todas as escolas exigem e obteve notas medianas em todas, exceto em desenho e metalurgia, que adorava. Durante o Ensino Médio, essa garota mais jovem passava quase todos os seus momentos livres aprimorando suas habilidades no estúdio da Laurel e obtendo médias razoáveis nas matérias restantes. Depois de se formar, ingressou numa escola de desenho industrial.

Eu admirava muito os pais das meninas, a quem vim a conhecer bem ao longo dos muitos anos em que estiveram ligados à escola. Isso porque, quando falávamos sobre suas filhas, eles sempre se concentravam em *quem* as garotas se tornariam, e nunca no *que* se tornariam. Durante os verões, encorajavam as filhas a equilibrarem o lazer com atividades que lhes permitiam cultivar suas paixões. Quando a mais velha começou a namorar um cara que não a tratava bem, eles ressaltavam que seus namoros e amizades deveriam ser afetuosos e leais, fazendo com que ela se sentisse bem consigo mesma e contribuindo para que ela evoluísse e mudasse para melhor. Quando conversavam com as meninas sobre o futuro, destacavam que elas deveriam procurar um trabalho significativo, orgulharem-se de seus esforços e fazerem alguma coisa de que realmente gostassem. Como muitos pais que tenho conhecido, eles definiam o sucesso em termos de bem-estar, não de marcos convencionais de conquistas.

Compreensivelmente, os pais podem achar que a ênfase em uma vida satisfatória a longo prazo, em vez de no sucesso escolar, pode prejudicar as médias obtidas pela filha; mas pesquisas indicam outra coisa. De fato, em um estudo recente, estudantes receberam uma lista de valores e foram solicitados a enumerar, pela ordem, o que acreditavam ser as prioridades de seus pais. Alguns dos valores estavam relacionados ao sucesso acadêmico e profissional; outros, ao relacionamento com outras pessoas (que, como sabemos, contribui para o bem-estar total). O estudo também acompanhou as médias obtidas pelos estudantes e os resultados replicaram o que outros pesquisadores já haviam descoberto: o desempenho escolar *não é afetado* quando os pais valorizam o relacionamento de seus filhos com outras pessoas pelo menos tanto quando valorizam seu desempenho acadêmico. Vale mencionar que o mesmo estudo demonstrou que estudantes cujos pais eram extremamente críticos e enfatizavam o desempenho escolar e o sucesso profissional acima de tudo eram os mais estressados.

Pode não existir um modo melhor de tornar a escola menos desgastante e mais agradável para nossas filhas do que trocar o modelo do foguete pelo do caminho para a realização. Quando uma garota obtém uma média baixa – como inevitavelmente acontece – às vezes acha que arruinou a própria trajetória. Podemos acalmar seus nervos ressaltando que corrigir o curso após um passo errado faz parte da vida. Se ela acha que não está à altura das colegas que são estrelas acadêmicas, podemos destacar que a suprema felicidade tem muito mais a ver com sentir-se bem consigo mesma, com seus relacionamentos e com o bom uso que ela faz de seus talentos do que com o que ela pode fazer na escola.

Em resumo, há muitos pontos positivos e nenhum negativo no fato de lembrarmos às nossas filhas que há muito mais coisas envolvidas em ter sucesso na vida do que se sobressair na escola. Tendo isso em mente, voltemos agora nossa atenção para o mundo mais amplo que circunda nossas meninas.

CONCLUSÃO

Desafios acossam nossas filhas por todos os lados. Nossas meninas se preocupam com seu relacionamento conosco e com os amigos; ingressam no instável mundo do romance; enfrentam exigências às vezes esmagadoras na escola; e se veem às voltas com expectativas de que sejam complacentes, transparentes e atraentes, impostas por nossa cultura mais ampla. Tais dificuldades não são novas. Mas agora atuam no contexto da moderna tecnologia, que amarra as garotas em um vagão à toda velocidade na montanha-russa das mídias sociais, de onde elas raramente descem. Elas mergulham em um estonteante e incessante ciclo de notícias que mantém até os mais tranquilos de nós em estado de tensão. E num momento em que o mundo ao redor parece se mover mais rapidamente que nunca.

Sob tanta pressão, sob um cerco tão constante, não é surpresa alguma que nossas meninas recorram a nós, sentindo-se nervosas e deprimidas. Para os pais, não há nada pior que uma filha em apuros. Nessas ocasiões, queremos fazer *tudo* o que pudermos para que nossas filhas se sintam melhor. Nossos instintos nos mandam resgatar nossa menina da fonte de seu desalento e protegê-la do que a deixa inquieta.

Se seguir esses instintos funcionasse, eu não teria escrito este livro e você não o estaria lendo. Tensão e turbulência são estranhas criaturas, que não morrem quando nossas filhas as evitam. Na verdade, quando nos encolhemos diante do medo e de pressões, elas simplesmente assumem novas e assustadoras proporções.

O estresse e a ansiedade só podem ser enfrentados de peito aberto. Somos mais úteis para nossas garotas quando as ajudamos a confrontar e, por vezes, até abraçar esses dois aspectos da vida cotidiana. Elas poderão perguntar: "Qual é a origem de todo esse estresse?" e "Por que estou tão ansiosa?". São perguntas que as ajudarão a administrar os desafios que enfrentam, pois as respostas lhes devolverão o autocontrole.

O estresse, sabe-se, aumenta quando nossas filhas são levadas a operar no limite de sua capacidade. Quase sempre as ajuda a amadurecerem. Contanto que elas saibam se restaurar e não se vejam diante de exigências que excedam amplamente seus recursos emocionais e intelectuais, elas poderão reconhecer que ir além de limites conhecidos lhes aumenta a força e a resistência.

A ansiedade, como sabemos agora, frequentemente aparece como uma mensageira bem-intencionada. Ela avisa sua filha de que algo não está certo, ou que seria uma atitude inteligente permanecer de sobreaviso. Existem, é claro, garotas cujos nervos não se calam, embora não tenham nada útil a dizer. Mas na maior parte do tempo, nós e nossas filhas, devemos considerar a ansiedade como uma aliada, não como inimiga, e descobrir o que ela quer que nós saibamos.

O mundo pede mais de nossas garotas hoje do que jamais pediu, mas também lhes oferece mais. Nossa melhor atitude é ajudá-las a avançar, não a bater em retirada, diante dos desafios e oportunidades que elas inevitavelmente encontrarão.

Pois garotas que aprendem a encarar seus medos descobrem como podem ser corajosas.

AGRADE CIMENTOS

Este livro não existiria sem os esforços entusiasmados e decididos de minha agente, Gail Ross, e a sabedoria e diligência de minha editora, Susanna Porter. Sou a afortunada beneficiária dos talentos excepcionais de ambas, assim como de suas maravilhosas equipes na Ross Yoon Agency e na Random House.

O formato final de meu manuscrito foi enormemente aperfeiçoado pelo *feedback* de diversos amigos e colegas. Agradecimentos para Daniel e Jennifer Coyle, Lisa Heffernan, Davida Pines e Amy Weisser por me oferecerem generosamente seu tempo e seu discernimento. Uma dose extra de gratidão está reservada para Amanda Block, minha extraordinária assistente de pesquisas, que, com sua inquebrantável dedicação, ajudou-me a polir este livro e verificar as citações nele contidas.

Meu raciocínio foi enriquecido e refinado por contínuas conversas com as psicólogas Aarti Pyati, Érica Stovall White e, especialmente, Tori Cordiano, que me ofereceu excelentes comentários nos primeiros rascunhos e que, como minha colega de trabalho, tolera com paciência minhas constantes interrupções para discutir temas que vão de assuntos profissionais aos pessoais, passando pelos meramente divertidos. Também recebo um inestimável apoio da Laurel School, meu local de trabalho, um bastião de amor e respeito pelas meninas, onde a dedicação de Ann V. Klotz, diretora da escola, à educação de mentes e corações de jovens mulheres contagia toda a comunidade da escola. Fazer parte dessa comunidade é algo que me enche de gratidão e orgulho.

Amigas extraordinárias, como Hetty Carraway, Anne Curzan, Alice Michael e Carol Triggiano, assim como minha afetuosa família – especialmente meus maravilhosos pais e minhas maravilhosas filhas – me encorajaram o tempo todo. Ninguém prestou um apoio mais incansável a este projeto do que Darren, meu querido marido. Ele não só é o mais devotado parceiro – e pai de nossas filhas – que eu poderia desejar, como também desempenha diligentemente os papéis que lhe entrego: líder de torcida, conselheiro e leitor atento. Tenho aspirações de merecê-lo.

Meu treinamento como psicóloga me foi proporcionado por notáveis clínicos e eruditos, e me sinto grata a cada um deles por me orientarem na única carreira que imagino possível para mim. Neste livro, minhas próprias ideias estão integradas a excelentes trabalhos feitos por outros; agradeço a todos aqueles cujo trabalho alicerçou meu pensamento. Quaisquer erros ou omissões são exclusivamente meus.

Por fim, sou infinitamente agradecida às meninas e jovens mulheres que conheci em meu trabalho como psicóloga. Sua decência, vitalidade e profundidade nunca deixa de me impressionar e inspirar.

Pois garotas
que aprendem
a encarar
seus medos

descobrem
como podem
ser corajosas.

©2019, Pri Primavera Editorial Ltda.

©2019, Lisa Damour

Equipe editorial: Lourdes Magalhães, Larissa Caldin e Manu Dourado
Tradução: Mabi Costa
Revisão: Rebeca Lacerda
Capa e Projeto gráfico: Project Nine
Diagramação: Manu Dourado

Dados Internacionaisde Catalogação na Publicação (CIP)
Angelica Ilacqua CRB-8/7057

Damour, Lisa
 Estresse e ansiedade: encarando a epidemia nas garotas
/ Lisa Damour; tradução Mabi Costa. -- São Paulo :
Primavera editorial, 2019.
 248 p.

ISBN: 978-85-5578-090-5
Título original: Under Pressure

1. Stress em adolescentes 2. Adolescentes (Meninas) - Stress 3. Adolescentes (Meninas) - Ansiedade 4. Administração do stress para adolescentes I. Título II. Costa, Mabi

19-2012   CDD 155.533

Índices para catálogo sistemático:

1. Adolescentes (Meninas) - Stress

PRIMAVERA
EDITORIAL
Av. Queiroz Filho, 1560 – Torre Gaivota – Sala 109
05319-000 – São Paulo – SP
Telefone: (55 11) 3031-5957
www.primaveraeditorial.com
contato@primaveraeditorial.com

Todos os direitos reservados e protegidos pela lei 9.610 de 19/02/1998. Nenhuma parte desta obra poderá ser reproduzida ou transmitida por quaisquer meios, eletrônicos, mecânicos, fotográficos ou quaisquer outros, sem autorização prévia, por escrito, da editora.